KB179070

푸코가 들려주는
권력 이야기

푸코가 들려주는
권력 이야기

ⓒ 서정욱, 2008

초판 1쇄 발행일 2008년 7월 11일
초판 11쇄 발행일 2022년 6월 24일

지은이   서정욱
그림   김정진
펴낸이   정은영

펴낸곳   (주)자음과모음
출판등록 2001년 11월 28일 제2001-000259호
주소   10881 경기도 파주시 회동길 325-20
전화   편집부 (02)324-2347 경영지원부 (02)325-6047
팩스   편집부 (02)324-2348 경영지원부 (02)2648-1311
e-mail   jamoteen@jamobook.com

ISBN 978-89-544-0817-2 (64100)

푸코가 들려주는

권력 이야기

서정욱 지음

|주|자음과모음

이 책에서는 프랑스에 태어난 유명한 철학자 미셸 푸코에 대해서 다루 겠습니다. 푸코는 1926년 역사적으로 깊은 상처를 안고 있는 푸아티에에 서 태어났습니다. 푸아티에는 1356년 영국과 프랑스 사이에서 벌어진 백 년전쟁 때문에 큰 피해를 입었던 지역이에요. 부유한 집안에서 태어난 푸코는 성적이 우수한 편이었지만, 진급시험에 떨어질 정도로 성적이 좋 지 않은 때도 있었답니다. 푸코의 어머니는 이런 푸코를 위해서 다른 학 교로 전학을 시키기도 했어요.

프랑스는 1938년 독일과 전쟁을 하게 되었어요. 전쟁으로 많은 사람들 이 푸아티에로 피난을 갔습니다. 특히 푸코가 다니던 앙리 4세 학교에도 피난 온 학생들과 선생님들이 많았습니다. 푸코는 새로 온 프랑스어 선 생님과 사이가 좋지 않았습니다. 선생님은 푸코처럼 부유한 집안의 학생 을 좋아하지 않았습니다. 이 사건은 푸코에게 닥친 첫 시련이었습니다.

시련을 잘 견딘 푸코는 프랑스의 엘리트 학생들만 모인다는 파리고등 사범학교에 입학했습니다. 푸코는 대학교를 졸업한 후 교수 자격시험에 합격하여 교수가 되어 여러 나라를 다니면서 그 명성을 이어갔습니다.

철학자 푸코는 권력이론으로 유명합니다. 권력이란 무엇일까요? 여러분 중에 권력이 무슨 뜻인지 모르는 사람은 없을 것입니다. 국어사전에서 찾아보면, 권력은 '사회적으로나 정치적으로 남을 다스리거나 복종시키는 힘'이라고 써 있습니다. 이처럼 남을 다스리거나 복종시키는 힘이라면, 권력은 좋은 것이겠죠.

하지만 푸코는 이런 권력에 대해서 좋지 않게 생각했습니다. 왜 푸코는 권력이 나쁘다고 생각했을까요? 그것은 바로 권력을 지나치게 사용하기 때문입니다. 권력을 갖고 있는 사람들은 왕이나 대통령과 같은 정치가, 혹은 독재자와 같은 사람들입니다. 이들은 자신이 갖고 있는 권력을 이용하여 다른 사람을 괴롭히는 경우가 많았겠죠.

푸코는 이와 같이 정치적인 권력 외에도 많은 권력들이 우리의 생활 가운데 함부로 쓰이고 있다고 보았습니다.

학교에는 교칙이 있죠? 염색을 해서는 안 된다, 귀걸이를 해서도 안 된다, 친구와 싸우면 벌을 받는다, 이와 같은 교칙은 어떻습니까? 일방적으로 학교에서 정한 것이 많을까요? 아니면 여러분들이 직접 교칙을 만드는 데 참여하는 경우가 많을까요?

이렇게 일방적으로 정해진 법칙이나 규율의 경우를 푸코는 권력의 남용이라고 보았습니다. 소풍이나 수학여행을 갈 때도, 학생들의 의견보다는 학교에서 선생님들이 일방적으로 정하는 경우가 더 많겠죠?

여러분들의 집은 어떻습니까? 혹시 공휴일에 온 가족이 여행을 떠날 때, 여러분이나 동생들의 의견이 반영되는 경우가 많습니까? 아니면 아빠나 엄마가 일방적으로 정한 장소로 여행을 가나요? 병원은 어떻습니까? 여러분의 할머니나 할아버지가 편찮으셔서 입원하신 경우, 의사 선생님들이나 간호사 언니들이 여러분들에게 친절하게 대해 주었습니까? 아니면 병원에서 불편한 것들이 더 많습니까?

이렇게 아주 사소한 것에서부터 독재자들의 정치적인 권력에 이르기까지 푸코는 다양한 권력에 대해서 얘기하고 있습니다. 이런 생각이 바로 푸코의 권력에 관한 생각입니다. 푸코의 이러한 권력에 관한 생각, 참 재미있겠죠. 푸코의 권력에 관한 생각이 무엇인지 우리 함께 살펴볼까요?

2008년 7월
서정욱

C O N T E N T S

프롤로그

"아, 늦겠네. 준비물이 뭐였더라?"

"……."

"아이참, 적어 놓은 게 어디 갔지?"

"……."

"아! 여기 있다. 뭐야, 오늘 필요한 게 아니잖아."

"……."

"히힛. 지금 가도 지각은 아니겠네. 상민아, 어서 가자!"

아침부터 상민이는 기분이 좋지 않습니다. 매일 학교 갈 준비를 늦게
하는 쌍둥이 형 상수 때문입니다. 늘 있는 일이지만 오늘은 왠지 더 짜
증이 났나 봅니다.

예전부터 엄마는 학교 갈 때 필요한 것들을 미리 챙기고 잠자리에 들
라고 얘기했어요. 하지만 상수에게는 쇠귀에 경 읽기인가 봅니다. 저렇

게 매일, 아침부터 정신없이 챙기고 나가는 걸 보면 말이죠.

"너 엄마가 매일매일 그렇게 잔소리를 해도 모자라니? 왜 이렇게 말을 못 알아들어!"

엄마는 다 먹은 아침 밥상을 치우면서 큰 소리를 냈습니다. 손에 들고 있던 행주를 상수에게 던질 것처럼 보였습니다.

"아, 어제 늦게까지 숙제 했단 말이에요. 너무 피곤해서 못 챙기고 잔 거예요. 에이, 뭐 그런 걸로 아침부터 화를 내세요. 아, 늦었어요. 상민아, 빨리 가자."

상수는 상민이의 팔을 잡으면서 현관을 나왔습니다. 뒤에서 엄마는 계속 소리를 질러댔지요.

"으이구, 저것들이 한날한시 같은 배에서 나왔다니……. 상민이의 반의반이라도 좀 닮아 봐라. 어째 쌍둥이가 닮은 구석이 없어!"

그렇습니다. 상민이와 상수는 쌍둥이지만 닮은 구석이 없습니다. 이란성 쌍둥이라서 얼굴도 조금 다르고, 성격도 매우 다르거든요. 상민이는 어렸을 때부터 엄마와 아빠의 말씀은 무조건 따르는 착하고 성실한 학생입니다. 반면에 상수는 완전 청개구리에요. 하지 말라고 하면 더 해야 직성이 풀리고, 하라는 일은 왜 그리도 하기 싫은지 손을 놓고 있습니다. 그래서 엄마와 아빠는 상수를 쌍둥이 동생 상민이와 비교하면서 혼쭐을 내실 때가 자주 있습니다. 가끔 상수는 상민이가 답답할 때도 있는 모양입니다. 하라는 일은 어떻게든 하고, 하지 말라는 일은 죽어라 하지 않는 상민이의 모습이 상수와 많이 다르니까요.

"형 때문에 매일 이렇게 지각할까 봐 조마조마해하면서 학교에 가잖아. 조금만 일찍 일어나고, 밤에 자기 전에 가방 다 챙겨 놓고 자면 안 돼? 엄마 말대로 그렇게 하면 더 편해."

상민이는 아침마다 반복하는 상수의 제멋대로인 행동에 조금 화가 나서 말했습니다. 그런데 상수는 미안해하기는커녕 왜 자기에게 그런 말을 하느냐는 듯한 표정을 지었습니다. 그리고 별것 아니라는 듯이 이렇게 말했습니다.

"괜찮아, 괜찮아. 이렇게 걸어가도 지각 안 하잖아. 넌 너무 인생을 톱니바퀴 굴러가듯 산다니까……. 하라면 하라는 대로, 하지 말라면 하지 말라는 대로, 선생님이 시키는 건 뭐든지 다 하고."

"……"

상수가 계속 투덜대고 있었는데 갑자기 조용해졌습니다. 상수가 따발총으로 쏘아대는 말에 상민이는 고개를 숙이고 저벅저벅 앞으로 걸어

나가고 있었거든요. 순간 상수도 미안해졌나 봅니다. 얼른 뛰어가서 상
민이의 어깨를 덥석 잡으면서 말했습니다.

"야! 그러니까 이 형님 말은…… 가끔 지각해도 괜찮다는 거야."

학교의 권력

 규율은 개인을 '제조한다'. ― 미셸 푸코, 《광기의 역사》

1 쌍둥이지만 우린 너무 달라

상수와 상민이는 학교로 걸어가면서 최신 게임기 이야기에 열을 올리고 있었습니다. 요즘 많은 사람들이 그 게임기를 가지고 논다고 해요. 대학생 형과 아저씨들까지 그 게임기를 가지고 있다고 합니다. 휴대용 게임기인데 가격은 20만 원이 넘습니다. 상수와 상민이도 예전부터 그 게임기를 사고 싶었지만 비싼 가격 때문에 엄마에게 게임기 사 달라는 말을 꺼낼 엄두조차 내지 못했습니다.

"정말 그 게임기 가지고 있는 애들은 집이 얼마나 부자인 거야?

너희 반 민철이도 가지고 있지 않니?"

상수는 최신 게임기를 가지고 있는 상민이네 반 민철이가 괜히 못마땅한 모양입니다. 민철이의 집은 상수가 생각하는 것만큼 부자가 아니에요. 민철이도 게임기가 갖고 싶어서 명절 때부터 모아 두었던 용돈으로 산 것이거든요. 상민이는 그 사실을 알고 있었습니다.

"아니야. 민철이 그거 예전부터 모아 오던 자기 용돈으로 샀어. 그래서 더 애지중지한다고. 그렇더라도 그걸 학교에 가지고 오는 건 좀 그래. 잃어버리면 어떡하려고…… 이전에 선생님도 가지고 오지 말라고 했었거든."

"그거야 쉬는 시간에 할 수도 있는 거고, 선생님은 뭐 그런 것까지 하지 말라고 하시냐? 어휴, 싫어."

역시나 생각이 한참 다른 쌍둥이입니다. 어떻게 같은 일에도 반대로 생각을 할까요? 한참 게임기 이야기를 하고 있는데 뒤에서 누군가가 불렀습니다.

"박, 상, 수!"

자기를 부르는 소리에 상수는 뒤를 휙 돌아보았습니다. 같은 반 친구 동완이가 뛰어오고 있었습니다. 어디서부터 달렸는지 얼굴

이 뻘개져서는 가까이 달려오고 있었습니다.

"어, 상민이도 안녕?"

동완이는 상수 옆에 있는 상민이를 보면서 손을 살짝 들고 인사를 했습니다. 상민이와 동완이는 친한 사이는 아니지만 상수와 친하기 때문에 자주 함께 만나기는 합니다. 동완이가 먼저 인사를 건네면 상민이는 괜스레 멋쩍었습니다.

"으응…… 안녕?"

"상수야, 상수야, 기쁜 소식이 있어. 히히히."

학교 가는 아침부터 뭐가 그리 좋은지 동완이의 입과 눈에는 계속 주름이 잡혀 있습니다. 상수 옆에 붙어서 재잘재잘 떠드는데, 옆에서 시끄럽게 지나가는 다른 학생들 때문에 상민에게까지 잘 들리지 않았습니다.

"나 이번 주에 게임기 산다! 좋겠지? 좋겠지?"

'게임기'라는 말이 상민이의 귓가를 스쳤습니다. 상민이는 재빨리 동완이의 얼굴을 쳐다보며 동완이가 말하는 소리를 유심히 들었습니다. 옆에 있던 상수도 어깨를 들썩이며 동완이와 함께 덩달아 좋아했습니다. 친한 친구인 동완이가 게임기를 사면 자기도 자주 할 수 있을 것이라고 생각했기 때문입니다.

"우와! 정말? 진짜 좋겠다. 무슨 패키지로 살 거야? 아빠가 사 주신대?"

상수는 동완이가 게임기를 산다는 말에 기쁘기도 했지만 한편으로는 부러운 마음이 훨씬 컸습니다. 자기도 며칠 더 엄마와 아빠에게 게임기를 사 달라고 매달리고 싶었습니다.

"그건 아직 정하지 않았어. 사려면 한꺼번에 좋은 걸로 사고 싶은데 솔직히 좀 비싸잖아."

'그게 좀 비싸냐? 많이 비싸지…….'

동완이가 게임기를 산다고 해서 으스대는 것은 아니지만 상민이는 왠지 마음에 들지 않나 봅니다. 20만 원 이상 하는 그 게임기가 조금 비싸다니요. 상민이는 그렇지 않다고 생각했습니다.

"그런데 어떻게 살 수 있게 됐어?"

상수는 그게 가장 궁금했습니다. 어떻게 부모님을 설득했느냐는 말이겠지요. 동완이가 대답했습니다.

"졸업 선물 미리 당겨서 해 달라고 했어. 중학교 입학 선물도 필요 없다고, 나중에 딴말 안 할 테니까 선물로 사 달라고 말했어. 그랬더니 엄마가 막 고민하시더라고. 그때 계속 파고들었지. 크크."

"이야, 좋겠다. 어쨌든 게임기 사면 나한테 제일 먼저 보여 줘야 해. 알았지?"

"당연하지."

상수는 자기에게 곧 게임기가 생기는 것처럼 좋아했습니다. 상민이도 그 게임기를 가지고 놀고 싶었지만 말하기가 머쓱했습니다. 항상 그랬듯이 상수가 놀고 있는 모습을 옆에서 조용히 봐야만 할 것 같습니다. 놀고 싶어도 엄마의 성화에 못 이겨 학원에 가야 하니 어쩔 수가 없습니다. 엄마는 상민이에게만 신경을 쓰는 것 같다고요? 결코 아니에요. 열 손가락 깨물어서 안 아픈 손가락이 어디 있나요. 엄마는 상수에게도 신경을 썼죠. 음, 한 석 달 전인가요. 이런 일이 있었어요.

"상수야, 넌 왜 이렇게 산만하니? 엄마가 알아봤는데 정신을 집중하는 데는 서예가 좋다더라. 서예학원 다니면서 집중력도 기르고 좀 차분해져 봐."

"엄마, 요새 누가 서예를 배워. 집중력 기르는 기계도 있는데 그거 사서 오랫동안 쓰면 돼요."

"네가 공부를 제대로 하면 이 엄마가 이런 말 하겠니? 매일 산

만하게 뛰어놀기나 하고 엄마 말은 죽어라 안 듣고! 엉덩이 딱 붙이고 앉아서 문제집이라도 풀어 본 적 있어?"

"봐, 어쨌든 끝에는 공부 잘 해라로 끝나는 거잖아요. 난 내가 하고 싶은 걸 열심히 할 거예요. 그렇다고 물론 공부를 열심히 하지 않겠다는 말은 아니에요."

상수는 약간 풀이 죽은 상태에서 대답을 했어요. 자기 행동에 어떤 문제가 있는지 알고 있었으니까요.

"말이라도 못하면 밉지나 않지."

"엄마는 내가 미워요? 진짜 미워요? 우와, 알고는 있었지만 너무해요! 엄마는 상민이만 좋아해. 매일 상민이랑 나랑 비교하고, 상민이만 칭찬하고, 갖고 싶은 것도 상민이한테만 사 주고…….
혹시 나는 다른 데서 데리고 온 애 아니에요?"

상수는 엄마의 말에 갑자기 화가 났어요. 너무 유치한 것 같지만 평소 쌓여 온 불만이 폭발했어요. 상수의 눈에는 눈물이 그렁그렁 맺혀 있었죠. 상민이는 그런 상수와 엄마의 모습을 보고 어쩔 줄을 몰라 했습니다. 옆에 있는 상수가 조금만 건드리면 울음을 터뜨릴 것 같았어요. 그래서 상수 옆으로 조심스럽게 다가갔습니다.

"형, 왜 그래? 엄마가 언제 그랬어. 엄마도 형 생각해서 서예학원 얘기한 거잖아. 그리고 엄마가 언제 내가 갖고 싶은 것만 사 줬냐? 그러지 마, 형."

평소에는 형이라고 부르지도 않는데 꼭 이럴 때만 형이라고 부르는 상민이입니다. 그러나 상민이의 말에 상수는 더 화가 나는 것이었습니다.

"뭐? 웃기고 있네! 야, 내가 언제부터 네 형이었냐? 형이란 말이 잘도 나온다. 너도 그래. 내가 너보다 공부 좀 못한다고 매번 무시하는데, 너같이 공부하는데 공부 못하고 성적 안 좋으면 그게 더 멍청한 거야. 공부 좀 한다고 잘난 척하지 마. 동완이네 형이 그랬는데, 중학교 들어가면 어차피 다 거기서 거기래."

상수 말을 들은 상민이는 너무 어이가 없었습니다. 어떻게 저런 말도 안 되는 소리를 할 수 있는 걸까요? 상민이는 그냥 상수가 너무 화가 나서 이것저것 나오는 대로 말을 지껄이고 있는 것이라 생각하고 더는 대꾸하지 않았어요. 그 모습을 지켜보던 엄마가 한 말씀하시고 방으로 들어가셨어요.

"너희 둘이 쌍둥이란 게 이상하다. 오늘 저녁은 알아서 해!"

2 우리의 의견도 받아 주세요

교실에 들어온 상수는 여전히 게임 생각뿐입니다. 상수 반에도 그 게임기를 가지고 있는 친구가 여럿 있습니다. 동완이만 해도 이번 주면 그 게임기를 산다니까 한 명이 더 늘어나겠지요.

'나도 용돈을 모아서 살까? 아……, 그러다가 언제 사…….'

게임기를 사 주지 않는 엄마를 생각하니 조금 원망스러웠습니다. 게임기 생각에 이러저리 지우개만 굴리고 있는데 담임선생님이 들어오셨습니다. 무슨 가정통신문 같은 것을 안고 들어오셨습니다. 그리고 각 분단별로 그 종이를 나눠 주고, 친구들이 뒤로 그 종이를 돌렸습니다. 앞에서부터 웅성웅성 소리가 났습니다. 상수는 무슨 일로 그러냐며 가정통신문을 받기도 전에 앞에 앉은 친구 등을 두드리며 물었습니다.

"자, 모두 선생님이 나누어 준 것 잘 읽어 보세요."

체험 현장학습.

토요일에 현장학습을 간다고 합니다.

'서대문 형무소 역사관?'

상수가 받은 종이에는 이번 주 토요일에 서대문 형무소로 현장학습을 간다고 적혀 있었습니다.

"서대문 형무소는 우리나라가 일제에 강제로 점령당했을 때 우리나라의 독립투사들이 갇혀서 고문을 받았던 곳이에요. 가서 자세한 이야기도 듣고, 고문 체험도 하고, 글짓기도 할 거니까 준비해 와야 해요."

선생님께서 아이들을 쭉 둘러보시면서 말씀하셨습니다.

"저는 저번 주에 갔다 왔는데요?"

동완이가 종이를 손에 들고 선생님께 말했습니다. 그러고 보니

상수는 며칠 전에 동완이가 서대문 형무소에 다녀왔었다는 얘기를 했던 기억이 났습니다. 주말에 시골에 계신 할아버지가 오셨는데 가족들과 함께 갔다고 했었거든요. 상수는 자세하게 기억나지는 않았지만, 매우 좋았고 재밌었다는 말을 동완이가 했던 것도 같습니다.

"나는 5학년 때 갔다 왔는데, 갔다 온 사람도 또 가야 해요?"

동완이 앞에 있던 슬아가 말했습니다. 그러자 담임선생님의 얼굴이 살짝 굳어지더니 다시 웃으면서 말씀하셨습니다.

"슬아는 기억력이 좋은가 봐? 작년에 갔던 걸 아직까지 기억하고 있어? 서대문 형무소가 어떤 곳이고, 우리나라 독립투사들이 어떻게 고통을 당했는지 다 기억이 나나요?"

"……."

선생님 말씀에 슬아는 아무 말도 못하고 있었습니다. 슬아는 좀 당황스러워했어요.

"선생님, 저는 며칠 전에 갔다 왔고, 안내해 주시는 선생님께 얘기도 다 들었고, 사진도 찍었어요. 이번 현장학습 보고서 만들어서 내려고 했는데……. 갔던 사람들은 다른 곳에 가면 안 되는 건가요?"

동완이가 말했습니다. 동완이의 말을 듣고 보니 그 말이 맞는 것도 같습니다. 갔던 곳에 또 가는 것도 그렇고, 6학년 단체로 가지 않고 우리 반만 따로 갈 수도 있을 것 같은데 말이죠. 동완이의 말에 선생님은 좀 곤란해하는 표정이었습니다. 선생님은 손가락으로 교탁을 두 번 두드렸습니다. 저 행동은 선생님께서 고민하실 때 나오는 습관입니다.

"동완아, 그때는 가족들과 함께 갔지만 이번에는 친구들과 가는 거잖아. 그리고 역사 공부랑 글짓기 대회까지, 더 많은 프로그램이 있어. 한 번 가서 보는 것보다 두 번, 세 번 가 보면 동완이한테 더 좋지 않을까? 나중에 중학교 가서 국사 공부하는 데에 도움도 되고 말이지. 동완이는 얼마 전에도 갔다 왔으니까 이번에 가서 안내해 주시는 선생님의 이야기 들으면 더 잘 이해가 될 거야. 그런 말이 있잖니. 아는 만큼 보인다."

선생님은 천천히 웃으면서 말씀하셨습니다. 하지만 동완이는 계속 뚱한 표정입니다. 상수는 생각했습니다. 왜 학교에서 장소도 일방적으로 정하고, 꼭 모두 함께 가야 한다고 강요하는 것일까? 꼭 엄마가 이렇게 해라 저렇게 해라 강요하는 것과 같았습니다.

"좋아요, 여러분. 그럼 모두 같이 생각해 봐요. 이번 주에 서대문 형무소로 현장학습 가기 싫어요?"

선생님께서 물었습니다.

"아니요!"

"네."

서로 다른 대답이 들리기도 했지만 가고 싶다는 의견이 더 많았습니다. 가고 싶다는 대답이 더 크고 우렁차게 들렸거든요. 가기 싫다는 대답은 슬아와 동완이만 작게 했습니다. 상수는 이러지도 저러지도 못하고 있었죠. 동완이는 어떻게 해야 할지 고민하고 있었습니다. 그때 상수가 조용히 손을 들었습니다.

"음, 박상수. 왜?"

선생님이 말씀하셨습니다. 상수는 자리에서 일어나서 입을 열었습니다.

"학교에서 장소를 미리 정하기 전에 학생들에게 가고 싶은 장소를 물어봐도 되는 거 아니에요? 선생님들끼리만 의논해서 정하시는 것 같아요."

그러자 선생님께서 조금 놀라시면서 말씀하셨습니다.

"선생님들끼리만이니? 선생님들 마음대로 정했다고 생각하는 거예요? 그런 건 아니에요. 선생님들은 여러분의 교육을 위해서 어떤 곳을 가는 것이 가장 좋을지 항상 고민하고 알아본 뒤에 최선의 장소를 선택하는 거예요. 그런데 오늘 여러분들 얘기를 들어 보니까 선생님도 좀 반성해야 되는 부분이 있는 것 같네요. 항상 민주주의를 이야기하면서 정작 여러분들과는 민주적인 의사결정을 하지 못했네요. 학교에서든 교실에서든 시키는 것만 있고, 여러분과 함께 고민하는 과정은 없었던 것 같아요."

선생님의 조용하고 낮은 목소리에 반 아이들은 모두 조용하게 듣고 있었어요. 선생님은 웃으면서 말씀하셨습니다.

"그렇다고 해서 학교와 선생님이 너무 학생들에게 일방적으로 시키고 강요한다는 생각은 하지 말아 주세요. 그러면 선생님 너무 슬퍼요. 호호. 선생님이 오늘 여러분들 생각을 더 많이 알았으니까 다른 선생님들과도 얘기해 볼게요."

선생님은 말씀을 끝내고 웃으셨습니다. 그 모습에 아이들도 따라서 웃었습니다. 하지만 여전히 동완이와 슬아의 표정은 뚱했고, 상수는 뭔가 찝찝하여 고개를 몇 번 흔들었어요.

1교시 수업이 시작되었지만 상수의 머릿속은 계속 다른 생각들로 뒤죽박죽이랍니다. 이제 상수에게는 서대문 형무소 역사관을 가느냐 안 가느냐 하는 것이 문제가 아니었어요.

'왜 학교에서는 우리에게 이렇게 시키기만 할까? 학교는 왜 우리를 강압적으로 대하려고 들까?'

상수는 서대문 형무소에 갇힌 독립투사의 기분을 알 수 있을 것 같았어요.

3 학교에도 권력이 있다고?

여름방학이 끝난 지도 벌써 한 달이 지났지만 아직 더운 바람이 주변을 맴돌고 있습니다. 주섬주섬 가방을 챙기는 상민이의 이마에도 약간 땀이 맺혀 있네요. 다른 친구들보다 땀이 많이 나서 여름을 유독 싫어하는 상민이는 빨리 겨울이 오기를 기다리고 있습니다. 지금 상민이는 겨울뿐만 아니라 상수도 기다리고 있습니다. 아직도 상수네 선생님은 종례를 마치지 않았습니다. 상민이는 상수의 교실 창문 앞에서 폴짝폴짝 뛰면서 교실 안을 쳐다보려고 했어요.

드르륵.

의자를 뒤로 미는 소리가 들렸습니다. 이제 종례를 마치고 아이들이 나오려나 봅니다. 상민이는 교실 뒷문 근처에 서 있었습니다. 하나 둘 아이들이 빠져나오고 그 속에 상수도 있었습니다.

"상민아, 많이 기다렸지?"

상수가 먼저 상민이를 찾았습니다. 좀 더 늑장을 부렸다가는 상민이가 학원에 늦을 것 같았어요.

"동완아, 게임기 잘 사. 사면 연락해."

상수는 저 앞에 지나가는 친구 동완이를 큰 목소리로 불러 세우고 말했습니다. 동완이도 알겠다는 웃음을 지으며 손을 들고 흔들었습니다. 교문 밖에까지 나서는 상민이의 이마에는 계속 땀방울이 맺혀 있었어요.

"이번 주에 현장학습 가는 거 얘기 들었지?"

교실에서 선생님이 말씀하신 서대문 형무소로 현장학습 가는 것에 대해 상수가 먼저 말을 꺼냈습니다. 왠지 상수의 말투 속에는 불만이 가득 찬 것처럼 느껴졌어요.

"응. 왜? 거기 가는 거 싫어서 그래?"

"내가 싫어할 이유가 뭐가 있겠어. 나 원래 여기저기 가는 거 좋아하잖아. 그런데 우리 반에서 얘기 나온 게 있었는데, 왜 꼭 거길 가야 하냐고. 선생님들끼리 마음대로 정한 거 아니냐고 누가 얘기했거든."

상민이는 상수의 말을 듣고 좀 어리둥절해했습니다. 학교에서 정한 것이고 거기에 따르면 되는 것이지, 왜 굳이 선생님들의 말에 반항을 하는 건가 생각했어요.

"선생님 마음대로 정하는 건 좀 불공평한 것 같아. 선생님들은 우리 학생들을 생각해서 서대문 형무소로 결정한 건데 나쁘게 생각할 필요는 없잖아. 난 너희 반에 그렇게 말한 애들이 좀 이상한 것 같아."

"야! 그게 뭐가 이상해. 자기 생각을 말했을 뿐이라고. 이것뿐만이 아니야. 다른 초등학교는 머리에 염색을 해도 되고 귀를 뚫어도 되는데 우리 학교만 금지시키고 있잖아. 어차피 중학교 가면 못하는데, 너무 시대에 뒤떨어지는 거 아닐까?"

"그건 시대에 뒤떨어지는 거랑 상관없어. 우리나라에 법이 있듯이 학교에도 교칙이 있잖아. 법이 있으니까 우리가 안전하게 살 수 있는 거야. 교칙도 마찬가지야. 학교에 교칙이 있으니까 우리가 더 안전하고 재미나게 공부하는 거 아니겠어?"

상수는 법과 비교하면서 조리 있게 말하는 상민이의 말에 저절로 고개가 끄덕여졌습니다. 상민이가 헛공부한 건 아닌가 봅니다. 생각해 보니 그렇습니다.

작년에 들었던 얘기인데, 친구들을 심하게 괴롭히는 6학년 형이 있었습니다. 덩치도 크고 싸움도 잘해서 같은 반 친구들도 그 형을 무서워하고 피했다고 들었습니다. 매일 친구들과 후배들을 괴롭히고 돈을 빼앗았다고 해요. 아이들은 그 사실을 부모님이나 선생님께 말하면 그 형이 또다시 괴롭힐 것 같아서 아무에게도 말하지 못했대요. 그러다가 용기 있는 한 친구가 부모님에게 말하고, 학교 선생님에게까지 그 모든 사실이 알려졌죠. 그러고 난 뒤그 형은 멀리 있는 다른 학교로 전학을 갔다고 해요. 전학 가는 것으로 벌을 받은 거라고 생각하는데, 그런 걸 보면 학교 교칙은 꼭 필요하고 좋은 점도 있는 것 같아요.

하지만 교칙이라는 굴레 속에서 학생들을 괴롭히는 것도 있잖아요. 상수는 그런 생각을 하니 교칙이 상민이 말처럼 좋은 것만 있는 건 아닌 것 같았어요.

"상민아, 네 말대로 교칙이 좋은 점도 있지만 나쁜 점이 더 많은 것 같아. 교칙으로 학생들을 보호해 준다고 하지만 그게 지나치면 학생을 지배하려고 할 거야. 지금도 그렇잖아. 이거 해라, 저거 하지 마라, 이렇게 하면 점수 깎는다, 이렇게 하면 뭐 줄게. 완전 권력이야, 권력."

"권력?"

상민이는 상수가 권력이란 단어를 말해서 놀랐습니다. 상민이가 생각한 권력은 왕, 대통령, 사장님들이 가지고 있는 것이라고 생각했거든요. 그런데 학교에 웬 권력? 왜 권력이라고 했는지 물었습니다.

"학교가 왜 권력이야?"

"학교 자체가 권력이란 게 아니고, 학교가 학생들에 대한 권력을 가지고 있다는 거지. 학생의 힘이 셀까 아니면 학교의 힘이 셀까?"

"당연히 학교의 힘이 세지."

상민이는 너무나 당연한 말이라고 생각했습니다.

"그래, 학교가 학생보다 힘이 더 세니까 그 힘을 이용해서 우리를 지배하는 거라고."

상민이는 상수의 말이 거창하게 들렸습니다. 지배라니요. 너무

과하게 생각하는 게 아닐까요? 상민이는 학교가 학생을 지배한다기보다 좋은 길로 가게 하기 위한 약간의 통제라는 생각이 들었어요.

"지배하는 건 '왕이 백성을 지배한다' 그럴 때 쓰는 거야. '학교가 학생을 지배한다'는 말은 안 써."

상민이는 상수의 말을 쉽게 받아들일 수 없었습니다. 그때 집으로 가는 전봇대 근처에 주인이 없어 보이는 고양이 두 마리가 놀고 있는 것이 보였습니다. 논다기보다는 쓰레기봉투 더미 사이를 비집고 다니면서 먹을 것을 구하는 것 같아 보였지요. 등에 줄무늬가 있는 고양이가 천천히 옆으로 다가왔습니다. 그러자 근처에 있던 노란 고양이가 슬쩍 자리를 피하는 것처럼 보였습니다. 하지만 다시 노란 고양이는 줄무늬 고양이 옆으로 다가가면서 쓰레기봉투 근처로 가려고 하였습니다. 그러자 갑자기 등에 줄무늬가 있는 고양이가 울음소리를 냈고 노란 고양이가 자리를 슬쩍 피했습니다.

그 장면을 유심히 지켜보던 상수가 갑자기 소리쳤습니다.

"상민아 저기 봐! 저 노란 고양이는 줄무늬 고양이보다 몸집이 작아. 그러니까 저렇게 먹이를 두고서도 노란 고양이는 자리를 슬

슬 피하고, 노란 고양이가 좀 먹으려고 하니까 줄무늬 고양이가 막 괴롭히려고 하잖아."

상수의 말을 듣고 상민이도 고양이를 보았습니다. 이미 고양이들이 쓰레기봉투를 뜯어 그 자리가 조금 더러웠습니다. 상민이는 인상을 찌푸리면서 말했어요.

"윽, 그게 왜? 저 고양이들이 뭐?"

"왜기는 뭐가 왜야. 줄무늬 고양이는 자기가 힘이 더 세고 몸집이 크기 때문에 자기보다 힘이 약하고 몸집이 작은 저 노란 고양이에게 자신의 권력을 보여 주는 거야. 그러면서 자기보다 작은 다른 고양이들을 지배하려고 하는 거겠지. 저 고양이는 아마 이럴 거야. '이것은 내 것이니까 먹지 마라. 이곳은 내 구역이니까 손대지 마라.' 이런 거 아니겠어?"

"설마……."

"학교도 그렇지. 학교가 학생들보다 힘이 세고, 억지로 시키는 것과 못하게 하는 것이 있으니까, 일단 학교는 학생을 통제한다고 할 수 있어. 그 통제가 점점 커지다 보면 학교에게 유리한 쪽으로 학생을 통제하고 지배하려고 할 거야. 그리고 학교에서 실시하는 교칙이나 보호가 우리 학생을 위한 것이 아니고, 학교나 선생님을

위한 것일 수도 있는 거야. 그러면 우리 학생들의 인권은? 으아,

비참하구나. 이러고 있을 게 아니야. 우리가 학교에 지배를 당하

지 않으려면, 학교의 권력에서 벗어나려면 뭔가를 해야 해."

　상민이는 상수의 말을 듣고 보니 아주 틀린 말은 아닌 것 같았

어요. 학교가 학생들을 위해 통제하고 교칙을 정하지만 그 통제가

너무 심해지면 학생들을 억압하는 게 되잖아요. 어쩌면 우리가 저

뒤에 있는 노란 고양이 같은 모습일지도 모르겠어요.

푸코는 누구인가

푸코는 의사의 아들로 태어나 부유한 어린 시절을 보내지만 전쟁으로 인해 피난민이 되어 시련을 겪습니다. 아무리 부유하게 자란 푸코였지만, 대도시의 부자들 눈에 비친 푸코는 단지 시골뜨기에 불과했습니다. 특히 푸코가 다니는 학교로 새로 온 프랑스어 선생님의 푸코에 대한 시선은 지나칠 정도로 따가웠습니다.

이런 시련 속에서도 푸코는 1943년 18세의 나이로 프랑스의 대학수능시험인 바칼로레아를 무사히 마쳤습니다. 푸코가 바칼로레아 시험을 무사히 마쳤던 이 시기에 제2차 세계대전이 막바지로 치닫고 있었습니다. 푸코 집안뿐 아니라 프랑스 전역이 물자 부족으로 허덕이던 시기가 바로 이때였습니다.

프랑스의 고등학생들은 바칼로레아를 마치면 원하는 대학교를 선택하여 입학할 수 있습니다. 하지만 몇몇의 엘리트 학생들은 더 좋은 대학

교에 가기 위해서 그랑 제콜이라는 엘리트 코스를 택하기도 합니다. 특히 프랑스의 고등사범학교, 국립행정학교, 파리 고문서학교 등은 전문인 양성을 위한 교육기관입니다. 이런 학교에 입학하기 위해서는 그랑 제콜에 입학하여야만 가능합니다.

푸코는 고등사범학교를 진학하기 위해서 그랑 제콜의 시험을 보았습니다. 바칼로레아를 치른 같은 해 푸코는 그랑 제콜 시험에도 합격하였습니다. 고등사범학교 예비반에 입학한 푸코는 2년 동안 열심히 공부했지만, 1945년 고등사범학교 시험에 떨어졌습니다. 하지만 2년 후인 1947년 푸코는 고등사범학교에 입학했습니다.

고등사범학교를 졸업한 푸코는 1951년 교수자격시험에 합격하여, 고등사범학교에서 교수로 활동하기 시작했습니다. 보통 고등사범학교의 수강생은 다섯 명 안팎이었다고 합니다. 하지만 푸코의 강의는 인기가 높아서 무려 20여 명의 학생들이 수업에 참여했다고 합니다. 푸코의 명성이 점점 높아지면서, 1955년부터는 여러 나라에서 푸코를 초청했습니다. 그리하여 푸코는 스웨덴, 독일, 폴란드 등에서 프랑스 문화와 철학을 가르쳤습니다.

1966년 푸코는 《말과 사물》이라는 책을 발표하면서, 새로운 삶을 시작했습니다. 이 책은 프랑스 철학에 길이 남을 아주 중요하고도 유명한 책이랍니다. 대부분의 프랑스 사람들은 여전히 이 책을 들고 다니거나 책장에 꽂아 두고 자랑한다고 합니다.

이렇게 유명해진 푸코였지만, 파리에서는 대학교 교수가 될 수 없었습니다. 대신 푸코는 브라질과 튀니스에 있는 대학교로부터 초대를 받았습니다. 푸코가 튀니스에 있던 1968년, 그 유명한 프랑스 5월 혁명이 일어났습니다.

1968년 5월, 프랑스 대학생들은 더 좋은 대학 시설을 요구하며 데모를 했습니다. 하지만 정부에서는 데모를 저지하려고만 했지, 그들의 요구를 들어주지 않았습니다. 이때 프랑스 노동자들도 대학생들 편에서 함께 데모를 했습니다.

당시 프랑스 대통령은 제2차 세계대전의 영웅이었던 드골 장군이었습니다. 하지만 이 5월 혁명으로 드골은 대통령 자리에서 물러나야만 했습니다. 이렇게 대학생들과 노동자들이 자신들의 권리를 위해 정부와 대항하여 싸울 때, 푸코는 튀니스에 있었습니다. 이런 푸코를 두고 프랑

스 사람들은 5월 혁명 때 푸코는 아무것도 하지 않았다며 맹렬히 비난 했답니다.

이러한 비난에도 불구하고 푸코는 45세에 콜레주 드 프랑스의 교수가 되었습니다. 이후 푸코는 많은 저서를 남기면서 더 유명한 철학자가 되었습니다. 하지만 59세의 나이로 병에 걸려 1984년 죽고 말았습니다.

푸코가 쓴 《광기의 역사》, 《정신의학적 권력》, 《지식의 의지》 등은 오늘날까지 프랑스 철학을 대표하는 중요한 저서로 남아 있습니다.

학교의 권력

여러분 학교도 마찬가지겠지만, 학교에는 교칙이 있답니다. 그 교칙에 따라 선생님은 학생들을 돌봅니다. 그러나 그 교칙 중에는 학생들이 이해할 수 없는 사항들도 있을 수 있습니다. 하지만 학교에서는 학생들을 통제하기 위해서 그 교칙을 적용할 수밖에 없습니다.

바로 학생들은 이런 것이 불만인가 봅니다. 학생들의 뜻에 따라 혹은 필요에 따라 교칙이 변경되면 문제가 없겠지만, 그렇지 못할 경우 학생들 불만은 커지겠죠.

푸코는 바로 이런 점을 문제로 보았습니다. 푸코는 이것을 학교의 권력이라고 말했습니다. 물론 학교의 권력이 나쁜 것만은 아닙니다. 동급생을 괴롭히거나 후배를 괴롭히는 선배는 당연히 교칙에 따라 벌을 받아야 되겠죠. 하지만 그렇지 못한 경우도 있습니다.

　　학교는 어떤 방법으로든 교칙을 세우고 학생들을 보호해야 합니다. 이런 교칙이나 보호는 학생을 위한 것입니다. 그러나 때에 따라서는 그것이 학생이 아닌 학교나 선생님을 위한 것일 수도 있습니다.

　　푸코는 바로 이런 점에서 학교가 학생을 지배한다고 생각한 것입니다. 가람이(상수)네 반 학생들은 그것이 수학여행이나 용의검사로 나타난다고 믿은 것이죠.

　　여러분들은 어떻게 생각하십니까? 정말로 학교가 학생을 지배하는 권력을 가졌다고 생각합니까?

병원의 권력

 권력은 특정한 지식을 만들어내며 권력과 지식은 서로를 직접 포
함한다.

— 미셸 푸코, 《감시와 처벌》

1 병원을 향해

"엄마, 우리 왔어요."

상수와 상민이는 현관에 들어서자마자 신발도 벗기 전에 엄마를 불렀어요. 하지만 집 안에는 상수와 상민이가 장난치며 들어오는 소리만 들릴 뿐 아무 소리도 나지 않았죠. 상수는 먼저 가방을 식탁 옆에 던져 놓고 냉장고 문을 열었어요.

"앗싸, 오렌지 주스다!"

벌컥벌컥.

집으로 오는 길이 조금 힘들었는지 상수는 물마시듯 주스를 들이켰어요. 상민이는 가방을 방에 놔둔 후 주방에 와서 컵에 주스를 따라 마셨어요.

탁!

"어우, 놀래라."

상민이가 컵을 식탁 위에 탁 소리가 나게 놓는 바람에 상수는 놀랬어요. 상민이는 땀을 유독 많이 흘리기 때문에 오는 길이 덥고 꽤 힘들었거든요. 주스를 한 컵 다 마신 상민이는 집의 이곳저곳을 둘러보고 열어 보았어요. 엄마가 안 계셨기 때문이죠.

"엄마가 어딜 갔지?"

"상민아, 엄마 가방이 없는 거 보니까 어디 멀리 간 것 같아. 엄마도 안 계신데 너 오늘 학원가지 말고, 동완이랑 셋이서 축구나 하러 가자. 어때? 좋지?"

엄마가 늦게 들어오실 거란 확신을 가진 상수는 상민이에게 놀자고 했어요. 상민이는 상수의 말에 마음이 흔들리고 있었어요. 학교 마치면 간식 먹고 학원 가고, 학원 다녀오면 저녁 먹고 학습지 공부해야하고……. 상수는 매일매일 똑같이 반복되는 하루하루가 무척 지겹기까지 했어요. 그래서 정말 엄마의 말을 거역하고 학원을 땡땡이칠까 생각했어요.

'상수야, 상민아. 엄마 할머니 입원하셔서 병원 가니까 허튼짓 하지 말고 얌전하게 있어! 집으로 전화한다!'

왜 오렌지 주스를 꺼내면서 이 종이를 보지 못했을까요? 상민이는 냉장고 앞에 딱 붙어 있던 종이를 이제야 발견했습니다. 그리고 그 종이를 떼어서 상수에게 보여 줬어요.

"아……."

상수의 입에서 탄식하는 소리가 흘러나왔습니다. 할머니께서 병원에 계시다는 말에 슬퍼하는 소리인지, 제대로 놀지 못하게 한 엄마의 메모에 슬퍼하는 소리인지 잘 구분 되지 않았어요. 상민이는 그런 상수의 모습에 눈을 흘기며 물었어요.

"너 할머니가 병원에 입원해서 그러는 거야, 아님 동완이랑 축구하러 못 가서 그러는 거야?"

"어, 어. 당연히 할머니가 편찮으시다니까 그러지. 내가 우리 할머니 얼마나 좋아하는지 알면서 그런 말 하냐?"

"그래, 뭐. 근데 할머니가 병원에 입원한 적은 거의 없었잖아. 이번에 많이 아프신가 봐."

"우리 이러고 있지 말고, 할머니 입원하고 계신 병원에 한 번 가

보자."

"무슨 병원인지 알고 그러냐?"

역시 막무가내인 상수입니다. 할머니께서 계신 병원이 어디 있는지도 모르면서 무조건 가자고 하니까요.

"엄마한테 전화하면 분명히 저녁에 아빠랑 같이 오라고 하실 거야. 그러니까 일단 아빠한테 먼저 전화해서 물어보자. 내가 전화해 볼게."

상수와 상민이는 거실 테이블 위에 있는 전화기 쪽으로 달려갔어요.

"여보세요."

"아빠, 나 상수."

"이 시간에 왜 전화했어?"

"있지, 할머니 입원했다면서요?"

"그래, 좀 급작스레 그렇게 되었어. 근데 그건 어떻게 알았니?"

"엄마가 메모를 남겨 놓고 갔더라고요. 무슨 병원이에요? 아빠, 상민이랑 나랑 같이 가게 좀 가르쳐 줘요."

"지금? 너네 가면 할머니 정신 사납고 방해만 돼. 그냥 저녁에 아빠랑 같이 가자."

"어떻게 그래요. 할머니 걱정에 공부도 안 될 것 같아요."

"평소에도 공부 잘 안 되는 녀석이 허허. 알겠어. 그런데 너희가 찾아갈 수 있을지 모르겠네."

"잘 찾아갈 수 있어요. 버스 몇 번 타고 어디서 내리면 되는지 알려 주면 찾아갈게요."

"그러다가 길 잃어버리는 건 아닌지 걱정되는데……."

"히히. 아빠도……. 우리 내년이면 중학생이라니까요. 걱정 마세요."

상수와 상민이는 아빠가 가르쳐 준 버스 번호와 방향대로 병원을 찾아 나섰습니다. 버스에 올라타면서 버스 운전기사 아저씨께 인사하는 것도 잊지 않았어요.

"안녕하세요. 이거 튼튼병원으로 가는 버스 맞죠?"

"그래, 안내 방송이 나올 거야."

걸어서 학교에 다니는 상수와 상민이에게 버스는 조금 낯설어요. 멀리 움직일 때는 아빠 승용차를 이용해서 다니고, 엄마와 근처 이모 댁에 갈 때 종종 버스를 탔어요. 상수는 창문 밖으로 빠르게 지나가는 건물들과 다른 자동차를 계속 바라보고 있었어요.

상민이는 버스 안에 붙어 있는 노선도를 뚫어져라 쳐다보고 있었죠. 튼튼병원을 놓치면 큰일이니까요. 눈은 노선도를 향해 있었고, 귀는 스피커에서 들리는 안내 방송에 기울이고 있었어요.

'하나, 둘, 셋, 넷, 다섯, 여섯, 일곱. 아니네. 여섯. 이제 여섯 정거장 남은 거야.'

이번에 내리실 곳은 어서와 시장입니다.
다음에 내리실 곳은 튼튼병원입니다.

'앗! 다음에 내릴 차례다.'
상수는 자리에서 벌떡 일어났습니다. 내릴 준비를 해야 하기 때문이에요. 상민이는 앞에 앉은 상수를 보았습니다. 상수의 머리는 버스가 흔들리는 방향을 따라 함께 흔들렸습니다. 언제부터 자고 있었는지 상민이가 어깨를 잡고 흔들어도 일어나질 않네요. 할 수 없이 상수의 머리와 어깨를 잡고 더 세게 흔들었습니다. 그러자 상수는 화들짝 놀라면서 말했어요.

"아! 아프잖아. 엇? 다 왔어? 다 왔어?"
"어, 다음에 내릴 차례야. 빨리 내리자."

상수와 상민이는 드디어 버스에서 내렸습니다. 오랜만에 버스를 타고 외출하여 둘의 기분이 좋았어요. 무엇보다 길을 잃어버리지 않고 한 번에 찾아 왔다는 사실이 더 좋았죠.

"상민아, 우리 너무 똑똑한 것 같아. 히히. 이렇게 한 번에 바로 찾아오니까 말이야. 우리도 다 큰 거야."

"버스 타고 제대로 내리기만 하면 눈앞에 이 병원이 탁 보이는데 못 찾는 사람이 이상한 거 아냐?"

상수가 무척 좋아하는 모습이 조금 어이없었지만 상민이도 할머니가 계신 병원을 찾아 왔다는 사실이 기뻤어요. 눈앞에 서 있는 종합병원은 생각보다 작았지만 새 건물이라 반짝거리고 예뻐서 마음에 들었습니다. 상수는 상민이의 팔을 끌어당기면서 말했어요.

"빨리 들어가 보자."

2 무서운 병원

"오! 좋은데?"

상수는 병원 안이 참 깔끔해서 좋다며 팔짝팔짝 뛰었습니다. 하지만 곧 상수의 행동은 매우 조심스러워졌어요. 오른쪽 왼쪽으로 고개를 돌려 보아도 휠체어에 앉아 있는 사람, 머리에 붕대를 감고선 천천히 걸어 다니는 사람, 이동 침대에 실려 어디론가 가는 사람들만 보였거든요. 갑자기 으스스한 기분이 들기 시작했어요. 그러자 미처 느끼지 못한 약 냄새가 확 났습니다. 상수는 자기도 모르게 코와 입을 손으로 막았어요.

"왜 그래? 어디 아파?"

상수의 그런 모습을 보고 상민이가 놀라서 물었습니다. 상민이는 상수가 병원에 왔다고 꾀병을 부리는 것처럼 보였어요. 상수는 상민이의 말을 무시하고 눈을 동그랗게 뜨고 오른쪽 왼쪽으로 살펴보았어요.

"형, 왜 그래? 뭘 그렇게 봐? 병원 처음 와?"

"그게 아니고……. 상민이 넌 뭐가 좀 이상하지 않아? 의사들도, 간호사도, 안에 있는 사람들도, 여기 이 흰 벽도……."

상수는 꼭 공포 영화에 등장하는 겁에 질린 주인공같이 보였어요. 상민이는 겁먹은 상수의 모습이 조금 웃기기도 하였어요. 원래 겁이 많지 않은 상수인데 저런 행동이 점점 이상하게 느껴졌어요. 그래서 상민이도 상수의 눈길을 따라 자세히 보기 시작했습니다.

머리가 하얀 어떤 할아버지가 휠체어를 타고 지나가고 있었습니다. 입술은 하얗게 마르고 눈은 퀭해서 마치 밤새 오락하다 일어난 상수 얼굴처럼 초췌했어요. 그 할아버지 뒤에는 아저씨가 벽을 집고 천천히 걸어가고 있었어요. 다리도 팔도 머리도 다 멀쩡

해 보이는데 걷는 게 힘든지 다섯 걸음 정도 걷다가 숨을 내쉬고 또 몇 걸음 걷다가 숨을 내쉬더라고요. 힘들어 보였는데 아저씨 옆에는 아무도 부축해 주는 사람이 없었어요. 혼자서 걷는 연습을 하는 것인지 모르지만 옆에 누가 있으면 더 좋을 텐데 말입니다.

종합병원이라 그런지 할아버지, 할머니뿐만 아니라 상수와 상민이 또래나 동생처럼 보이는 애들도 많았습니다. 그리고 아저씨들도 많이 보였고요. 얼마 전 뉴스에서 병원에 가는 사람의 반 이상이 60대 이상이라고 나왔습니다. 그런데 이 병원에서는 할아버지, 할머니가 눈에 많이 띄지 않았습니다. 이상하게 여긴 상민이가 상수에게 물었습니다.

"상수야, 왜 이 병원엔 할아버지랑 할머니들이 별로 안 보이지? 거의 우리 또래나 아저씨들이 많은 것 같아."

"야, 넌 똑똑하다는 애가 그것도 모르냐! 요즘 노인병원이 많이 생기고 있잖아. 그 뭐라고 하더라? 그래, '실버사업'이라고 해서 노인들을 대상으로 사업하는 거 있어. 그 중 하나가 노인병원, 노인요양원, 노인전문병원 같은 것들이야."

"넌 그런 걸 어떻게 알았어?"

"아, 저번 방학 때 동완이랑 반 애들 몇 명하고 봉사활동 갔었거든. 너네 반 몇 명은 그때 양로원 간다고 하지 않았냐?"

"아……."

상민이는 생각이 났습니다. 봉사활동을 갔는데 상민이는 학교 근처 양로원에 가서 부모님께 하지도 않는 온갖 재롱을 부리고 왔었죠. 좁은 집에 혼자서 지내시는 할머니도 계시고, 가족도, 갈 곳도 없는 할아버지도 계셨어요. 그분들의 어깨도 주물러 드리고 노래도 불러 드리고 춤도 춰 드렸죠. 그때 상수는 노인전문병원에 갔었다는 말이 생각이 났어요.

"맞다. 그때 어땠어?"

"거기 계신 할아버지, 할머니는 보기보다 건강하게 잘 지내고 계셨어. 몸을 약간 움직일 수 있는 분들도 있었지. 하지만 전혀 움직이지 못한 분들은 침대에만 가만히 누워 있었어. 그 할머니, 할아버지들을 보니까 너무나 불쌍하더라."

상수는 상민이의 물음에 몇 달 전 기억을 더듬어 내면서 말했습니다. 다시 그때를 생각하면서 할아버지, 할머니를 떠올리니 가슴이 아파왔답니다. 상수의 말이 끝나자 상민이가 말했습니다.

"그런데 만약 노인병원이 없었으면 그분들은 어디에 계셨겠니? 차라리 노인병원이 있어서 더 좋은 건지도 몰라."

"뭐 꼭 노인병원이 없더라도 일반병원도 있잖아. 음, 그런데 병원에 모실 형편이 안 되면 집에서 간호하거나 더 어려우면 할아버지, 할머니들이 버려졌는지도 모르겠네?"

"그런데 얼마 전에 신문에서 봤는데, 요즘은 나이 많으신 할아버지와 할머니를 집에서 모시기 싫어서 노인병원에 보내는 경우도 있다고 하더라고."

상민이는 숙제로 신문 스크랩을 하다가 눈에 띈 기사를 생각해 냈습니다. 혼자서 움직임이 불편한 부모님들을 형제들이 서로 모시려 하지 않아 결국 노인병원에 입원시켰다는 거예요. 그 사실을 조금 늦게 알게 된 그 노인의 딸이자 부모님을 입원시킨 형제들의 여동생이 오빠들을 고소했다는 기사를 읽었어요. 상민이와 상수는 부모님이랑 같이 사는 것이 가장 좋고 할머니랑 사는 것도 좋은데 왜 어른들은 싫어할까요?

"그래, 맞아. 나도 봤어. 그런 경우에는 어떻게 해야 하지?"

상민이의 말에 상수도 맞장구를 치면서 물었습니다. 그러자 상민이가 얼른 대답했습니다.

"노인을 위한 병원을 없애면 되지."

없애면 된다니요? 막무가내로 없애면 어떻게 하겠어요. 상수는 상민이의 말에 화들짝 놀라면서 말했습니다.

"그건 안 돼. 노인병원을 없애면 꼭 병원에 가야할 노인들은 어떻게 해."

"하긴, 그런 경우가 문제구나."

"아무튼 꼭 몸이 아파서 병원에 가는 건 아니라는 거야. 갈 곳이 없어서 돌봐 줄 사람이 없고 병원에 있는 사람들도 있다는 것. 이건 무척 슬프고 안타까운 현실이야."

상수가 갑자기 진지모드로 변하여 상민이는 당황했습니다. 병원 입구에 들어서자마자 무서워서 여기저기 쳐다보고 사람들이 이상하다 어쩌다 하던 상수가 '슬프고 안타까운 현실'이란 말을 하다니요. 어찌됐든 상민이와 상수 할머니는 슬프고 안타까운 현실에 포함되어 있지 않아서 다행인 것 같습니다. 할머니 곁에는 상수와 상민이라는 든든한 지원군이 있으니까요.

3 병원에 숨어 있는 권력

617호 임병례.

할머니의 이름이 보였습니다. 촌스럽습니다. 하지만 할머니의 얼굴은 촌스러운 이름과 달리 무척이나 곱습니다. 주름이 자글자글한 얼굴이지만 항상 웃는 모습이 얼마나 명랑해 보이는지 모릅니다.

끼이익.

"할, 머, 니……?"

상민이가 문을 빼꼼 열고 조심스럽게 할머니를 불렀습니다. 그 뒤에는 상수가 미처 상민이를 따라 오지 못해 복도를 두리번거리고 있었습니다.

"어? 상민이네! 상수도 있네!"

상민이의 등 뒤에서 반가운 목소리가 들렸습니다. 사촌인 주희 누나였습니다. 주희 누나는 물병과 컵 몇 개가 올려진 쟁반을 들고 서 있었습니다. 참으로 오랜만에 누나를 봐서 그런지 상민이는 괜스레 어색했습니다. 상수는 주희 누나를 보고 단번에 달려와서 인사를 하였습니다. 상민이와 상수는 주희 누나와 함께 할머니 병실로 들어갔습니다.

"어머? 상수랑 상민이! 여기 어떻게 왔어?"

상수와 상민이를 보고 엄마가 깜짝 놀라 물었습니다. 옆에 비스듬히 앉아 계시던 할머니도 조금 놀란 얼굴이었습니다.

"어떻게 오긴 버스 타고 왔지."

엄마의 물음에 상수가 능청스럽게 대답하였습니다. 그러자 엄마는 상수의 이마에 꿀밤을 한 대 놓으면서 말했습니다.

"지금 그걸 물은 게 아니잖아! 상민! 학원은 어쩌고 여기까지 왔어?"

엄마는 약간 화가 난 것 같았습니다. 상민이는 병원 오는 동안 설레었던 마음이 순식간에 확 사라져 버렸습니다. 이제는 엄마의 불호령에 벌벌 떨고 있었습니다.

"그, 그게요……"

"아, 숙모. 아까 애들이 그러던데 할머니가 무척 걱정이 돼서, 물어물어 버스 타고 왔대요. 기특하지 않아요? 요새 애들은 버스도 잘 타나 봐요. 하하. 저는 매일 길 잃어 버려서 경찰서에 가고 그랬잖아요. 숙모도 기억나시죠?"

"호호호. 그럼, 너 아직도 버스나 지하철 잘 못 타고 다니는 건 아니지? 너 중학교 때도 우리 집 온다고 버스 탔다가 길 잃어 버려서 숙모랑 삼촌이랑 너 찾으러 다니고 그랬잖아. 어휴! 그렇게 맹했던 애가 참 예쁘게 컸다니까. 호호호."

주희 누나 덕분에 엄마의 화난 목소리는 사라지고 웃음소리가 병실을 가득 채우고 있었습니다.

"할머니, 괜찮으세요? 많이 아프시죠?"

상수와 상민이가 할머니 곁으로 살짝 다가와서 물었습니다. 둘의 뒤통수에 엄마의 눈초리가 느껴졌지만 애써 외면했습니다. 상수와 상민이의 물음에 할머니는 두 손자의 손을 꼬옥 잡으면서 말했습니다.

"원, 녀석도……. 할미 괜찮아. 뭐한다고 여기까지 왔누? 너희 애비랑 천천히 같이 오면 될 것을……."

상수와 상민이는 할머니의 어디가 얼마만큼 아픈지 잘 알지 못합니다. 누군가가 말해 줘도 모르겠지만, 둘에게는 할머니가 그저 웃으면서 손을 쓰다듬어 주고 머리를 만져 주는 것만으로 이전의 할머니 모습을 떠올리게 합니다.

"할머니, 할머니 주사 맞을 때 안 아팠어요?"

상수는 할머니의 손등에 꽂힌 주사바늘을 보면서 물었습니다. 그러자 할머니는 웃으면서 고개를 절레절레 흔들었습니다. 상수는 지난번 겨울이 오기 전에 독감 예방주사를 맞으러 갔다가 눈물만 쏙 빼고 왔거든요. 더 이상 어린애가 아니라고, 씩씩하게 맞을 수 있다고 장담했건만 주사 바늘 앞에서 무너지는 상수였지요.

"그런 것보다 영 간호사들이 불친절하네. 요즘 병원들도 기업이라고 해서 얼마나 친절하고 환자랑 보호자들한테 깍듯하게 대하는데……. 여기는 개원한 지 얼마 안 된 곳이 왜 이런지 몰라."

할머니께서 병원에 입원하고 치료받는 과정 중에 어떤 문제가 생겼었나 봅니다. 엄마는 계속 불만을 말했습니다. 그러자 옆에서 듣고 있던 주희 누나가 말했습니다.

"숙모, 뭐 이런 경우가 한두 번이겠어요. 의사, 간호사가 불친절하다는 건 세상이 다 알고 있는 사실인데요. 사람이 부족한가?"

"이건 병원의 권력이야!"

오늘 낮부터 권력, 권력하던 상수가 또 권력 이야기를 꺼냈습니다. 상수의 말에 주희 누나가 웃으면서 물었습니다.

"권력? 병원의 권력? 이 녀석, 누나 못 본 사이에 공부 좀 하셨나본데? 너 권력이 뭔 줄 알아?"

상수는 여태까지 주희 누나가 자신을 은근히 무시하고 있었다는 생각이 들어 기분이 조금 나빴습니다. 상수가 공부도 잘 안하고 못하기도 하지만 잔머리 하나는 최고인데, 저렇게 자신을 무시하다니요.

"그 쉬운 말을 누가 몰라. 힘 있고, 누군가를 지배할 수 있는 사람이면 권력을 가진 거라고 하잖아."

상수의 대답에 주희 누나는 고개를 끄덕이면서 말했습니다.

"그래. 미셀 푸코라는 철학자가 권력에 대해서 설명한 게 있어. 푸코도 병원의 권력이란 말을 했지."

푸코가 병원의 권력이란 말을 했다고 하니까 상수는 은근히 자신이 푸코가 된 것처럼 좋아했습니다. 갑자기 똑똑한 기분이 든다고나 해야 할까요?

"하긴. 병원에 있는 사람들은 환자보다 힘이 있으니, 그 힘으로 환자를 지배할 수 있겠네. 그렇다면 병원의 권력이란 말이 맞는 거네."

옆에서 듣고 있던 상민이가 말했습니다.

"누나가 재미있는 사실을 알려 줄까? 원래 종합병원은 18세기쯤 영국과 독일에서 제일 먼저 만들어졌어. 그때 종합병원은 오늘날 종합병원과 많이 다르지."

"어떻게?"

"그때 당시 종합병원은 사치를 많이 하다 파산한 사람, 욕을 많이 하는 사람, 나쁜 행동을 하는 사람, 스스로 자신을 파멸시키는 사람 등과 같은 사람을 가두는 장소였어. 그렇다보니 사람들은 종합병원이란 곳이 병을 고치기 위한 곳이기 보다는 감옥소와 같은 느낌을 받았던 거야. 그래서 종합병원이란 백성들을 지배하는 힘을 가진 곳으로 생각한 거지."

"종합병원인데 몸이 아픈 사람들이 있는 곳이 아니었네?"

"그러게. 몸이 아픈 사람이 아니라 정신과 마음이 아픈 사람이라고 할 수 있을 것 같아. 누나가 말한 사람들, 그러니까 파산한 사람, 나쁜 행동을 하는 사람, 자신에게 못 되게 구는 사람들은 정신이 올바르지 못한 사람들 아냐? 정신이 아픈 사람도 환자가 맞잖아."

흠. 역시 상민이는 똑똑합니다. 일차원적인 생각을 벗어나 있어요. 신체만 아픈 걸 가지고 아프다고 할 수 있겠어요?

"맞았어. 18세기 종합병원에 가장 많이 입원한 사람은 사실 정신병 환자였어."

"정말?"

상수와 상민이는 모두 놀라 물었습니다. 수업시간에 선생님께 들은 이야기가 있습니다. 사회가 점점 발달할수록 정신병 환자들이 늘어나고 있다고요. 엄마들은 우울증에 걸리고, 학생들은 자신의 의지와 상관없이 공부를 너무 많이 해서 스트레스에 시달린다고 들었습니다. 그런데 18세기 종합병원에 정신병 환자가 많았다고 하니까 상수와 상민이는 무척 놀랐습니다.

"그래, 일반적으로 병에 걸린 사람들이나 몸이 불편한 사람은 종합병원에 가지 않고 주로 집에서 치료했어. 하지만 정신병 환자들은 집에서 치료할 수 있는 상황이 아니기 때문에 병원에 갈 수밖에 없었지."

주희 누나의 말을 들으니 상민이는 머릿속에 떠오르는 장면이 있었습니다. 드라마에서 봤었죠. 하얀 병원 옷을 입은 여자가 정신병원 독방에서 긴 머리카락을 풀어 헤치면서 고함을 지르고 침대를 흔들고 자신의 머리를 벽에 박아서 피가 흐르는 장면이었어요.

"그럴 수 있겠다. 드라마에 정신병원 환자가 나왔는데 힘이 너무 좋아서, 아저씨 네 사람이 힘을 합쳐 겨우 침대에 눕히고 손발을 못 움직이게 묶었잖아."

상민이는 드라마에서 봤던 장면을 그대로 설명했습니다. 그러자 상수가 불쑥 끼어들며 말했습니다.

"하지만 조용하게 가만히 있는 환자들도 많잖아. 만날 웃고 다니고, 침대에 쪼그려 앉아 멍하게 있는 모습도 봤는 걸?"

상민와 상수는 서로 자신이 본 장면만을 말하면서 티격태격하고 있었습니다. 그때 다시 주희 누나가 둘을 갈라놓으면서 말했습니다.

"바로 그런 점을 18세기 종합병원에 근무하는 사람들은 이용한

거야."

"어떻게?"

"아까 내가 말한 미셸 푸코란 사람 있지? 그 사람이 말하길 18
세기 종합병원에서는 정신병 환자를 일반사람들에게 구경시키고
돈을 받았다고 하더라고."

"뭐? 정신병 환자를 구경거리로 만들었다고? 어쩜, 어쩜 그럴
까? 나쁜 사람들이네. 주희야? 사실이야? 동물원에서 동물 보는
것처럼 일반 사람들이 정신병 환자를 구경했다는 거니?"

할머니 다리를 주무르고 계시던 엄마가 주희 누나의 얘기를 듣
고 흥분하면서 말했습니다. 아이들의 대화에 관심 없는 줄 알았는
데 안 그런 척하면서 다 듣고 있었던 거지요. 주희 누나도 엄마의
반응에 살짝 놀란 것 같았습니다. 엄마가 얼굴까지 빨갛게 되어서
흥분한 목소리로 말하니까 말입니다.

"숙모, 흥분은 좀 가라앉히시고요. 안타깝지만 사실이에요. 푸
코는 당시 한 해 동안 약 10만 명 정도가 정신병 환자를 보기 위
해서 종합병원에 방문했다고 했어요. 그것도 그냥 방문이 아니라
정신병 환자를 보기 위해서 돈까지 내고 말이죠."

"와, 정말 너무했다."

"푸코가 병원의 권력이라는 말을 할 만한 것 같아."

상수와 상민이는 한숨을 깊이 쉬며 말했습니다. 의사 선생님이나 간호사 누나는 불친절한 정도가 아니네요. 이거야 말로 정말 너무한 것 같습니다. 정신병원에 있는 환자들이 너무나 불쌍합니다.

"정신병원 환자들도 불쌍하지만 우리도 불쌍해. 학교의 권력에 휘둘리고 있으니……. 아, 우리도 18세기 종합병원의 정신병 환자와 같은 신세란 말인가……."

상수는 혼자서 신파극을 하고 있습니다. 할머니 손을 한 번 잡았다가 엄마의 등을 감쌌다가 주희 누나의 품에 안겨 우는 척을 했죠. 정말 못 봐줄 장면입니다.

"그게 무슨 말이야? 학교 권력? 상수 너! 또 무슨 일을 저질렀길래 선생님한테 야단맞고 여기서 학교 탓이야?"

엄마는 순간 여기가 병원 입원실이란 사실을 잊은 것 같았습니다. 당장이라도 몽둥이를 찾아 상수를 때리러 갈 모습이었거든요. 목소리도 어찌나 쩌렁쩌렁 한지 누워 계신 할머니가 깜짝 놀랐다니까요.

"아, 아니 그런 게 아니고……."

상수는 현장학습 가는 것에 대해 엄마와 누나에게 모두 이야기했습니다. 그러자 엄마는 상수에게 꿀밤을 한 대 콕 때리면서 말씀하였습니다.

"네가 정의의 사도인 줄 아니? 그냥 선생님 하라는 대로 하면 조용할 것을…… 일을 저질러라, 저질러. 난 이제 너네 선생님 뵐 낯도 없어."

"너무 걱정하지 마세요. 전 오히려 상수가 똘똘해 보이고 좋은데요. 요즘 애들이 장난이나 칠 줄 알았지 자기 생각을 똑바로 말하고 논리, 근거를 들어가면서 말하는 애들은 거의 없어요. 상수가 장난만 치는 줄 알았더니 생각이 깊은 아이인 것 같은데요?"

주희 누나가 칭찬해 주는 말에 상수는 기분이 무척 좋아졌습니다. 역시 칭찬은 마법 같아요. 칭찬을 들으니까 더 잘하고 싶고, 더 많이 알고 싶고, 더 똑똑해지고 싶은 생각이 마구 들었거든요.

"그런데 내 생각에는 일단 서대문 형무소로 현장학습을 다녀 오는 게 좋을 것 같아. 누나가 오늘 병원의 권력 이야기를 해 줬잖아. 푸코가 병원뿐만 아니라 감옥이 가진 권력 이야기도 했거든. 특히 상수가 '권력'에 대해서 더 많이 알고 싶어 하는 것 같은데 누나가 이것저것 말하는 것보다 일단 가서 직접 보고 오는 게 훨씬 좋을 거야. 백문(百聞)이 불여일견(不如一見)이라고 하잖아. 서대문 형무소에 가면 우리 독립투사들이 어떤 권력에 의해 고통을 당했는지, 그 고통은 어떤 것인지 잘 알 수 있어."

왜 주희 누나의 말만 들으면 저절로 고개가 끄덕여지는 것일까요? 지금이라도 당장 서대문 형무소로 달려가고 싶은 마음이 생겼습니다.

병원의 권력

상수와 상민이 할머니의 입원으로 여러분들은 병원이 어떤 권력을 갖고 있는지 잠시 생각해 보았을 것입니다. 힘 있는 사람이 힘없는 사람을 지배할 때, 사용하는 것을 권력이라고 한다면, '병원의 권력이 있는가' 의아해 하는 사람도 있으리라 생각합니다.

오늘날 종합병원에는 병원의 권력이 있는지 잘 모르겠습니다. 하지만 푸코는 유럽에서 처음 종합병원이 만들어진 이유에 대해서 설명하면서, 병원의 권력에 대해서 얘기하고 있습니다.

푸코에 따르면 18세기 말부터 영국과 독일에서는 돈을 너무 많이 쓰고 사치가 심한 사람, 욕을 많이 하는 사람, 정신이 이상한 사람들을 격리수용하기 위해서 시설을 만들기 시작했습니다. 이런 시설에서 사는 사람들은 도덕성이 파괴된 사람을 비롯하여, 부인을 학대하는 사람, 자살을 시도한 사람 등이 많았습니다. 그 중에서도 가장 많은 사람은 정신병자였답니다.

오늘날 세계의 모든 나라에서는 정신병자들의 가족을 생각하여, 그들의 신분을 밝히지 않고 있습니다. 하지만 당시만 하여도 정신병자의 신분을 보장해 주지 않았다고 합니다. 그렇기 때문에 당시 종합병원에서는 유리로 된 문을 만든 다음, 정신병자들을 그곳에서 생활하게 하였습니다.

1815년 영국의 베들레헴 병원에서는 일요일마다 관람료를 받고 정신병자들을 구경시켜 주었다고 합니다. 푸코는 일 년에 약 10만 명의 관람객이 모여와 정신병자들을 구경하였다고 말했습니다.

프랑스의 경우 돈 많은 부자들은 정신병자들이 살고 있던 비세트로 수용소를 열광적으로 관광하였다고 합니다. 그리고 수용소를 지키는 사람들은 관람객을 위해서 마치 동물을 다루듯이 채찍까지 동원하여 정신병자들을 춤추게 하였다고 합니다. 이 광경을 보고 관람객들은 그들에게 돈까지 던져 주었다고 합니다.

사실 종합병원은 병을 고치기 위한 곳입니다. 하지만 정신병자를 수용한 종합병원은 더 이상 병원의 기능을 할 수가 없었습니다. 즉, 당시

종합병원은 정신병자들의 병을 고치기 위한 장소라기보다는 정신병자
들의 난폭하고도 정상적이지 못한 행동만을 보여주는 곳이 되고 말았답
니다.

병을 고치기 위해 종합병원을 찾았던, 정신병자들은 결국 병은 고치
지 못하고 병원의 권력에 눌려 희생만 당하고 말았던 것이죠. 이런 병원
의 형태를 푸코는 병원의 권력이라고 하였습니다.

여러분들은 혹 정신병원에서 봉사활동을 한 적이 있습니까? 사실 정
신병원에 입원하고 있는 환자들은 우리하고는 많이 다릅니다. 뿐만 아
니라 그들은 정신에 병이 생긴 사람이기 때문에, 행동이나 말하는 것도
우리와 다르고 아주 불쌍한 사람들입니다.

어떤 환자들은 조용히 있는가 하면, 또 어떤 환자들은 힘을 쓰지 못하
게 묶어 두기도 합니다. 당시 영국, 프랑스 그리고 독일의 종합병원에서
는 이런 사람들을 구경거리로 만들었답니다. 그런 사람을 구경시키고
돈까지 받는다는 것은 병원의 권력이라고 하여도 무방하겠죠?

여러분들의 가족 중에서 누군가가 아파서 병원에 입원을 하게 되면 여러분들은 의사선생님이나 간호사 언니에게 불만을 가질 수 있을 것입니다. 하지만 그들의 불친절은 병원의 권력이라기보다는 환자에 비해 일손이 너무나 부족하기 때문이라고 보아야겠죠. 여러분들이 이성적으로 정확하게 판단할 때, 병원의 권력은 병원의 친절로 바꾸는 아주 중요한 역할을 하리라 생각합니다.

3

감옥의 권력

권력을 단지 법이나 국가 또는 국가기구로 환원시켜서 생각한다
면 권력의 참모습을 제대로 이해하지 못한 것입니다. 권력이란 단
순히 법이나 국가기구와 동일시하기에는 더욱 복잡하고 오밀조
밀하게 놓여 있습니다.

— 콜린 고든, 《권력과 지식(미셸 푸코와의 대담)》

1 형무소로 입장

"아, 밀지 마. 넘어진단 말이야!"

아침부터 슬아의 입은 삐쭉 튀어나와 있습니다. 가기 싫었던 현장학습을 결국 가게 되었거든요. 입구로 들어서기 위해 줄을 서 있는데 슬아 뒤로 아이들이 미니까 슬아가 넘어질 것 같았어요. 그러자 슬아는 짜증이 폭발해 버린 거죠.

대부분 아이들은 오랜만에 바깥 구경을 하는 것처럼 신이 나 있었습니다. 매일 집, 학교, 학원만 다니는 아이들에게 모처럼 간 현장학습은 꿀맛 같았어요. 상수와 상민이도 예외는 아니었죠. 전시실에 들어가기 전부터 아이들은 디지털카메라와 휴대전화로 사진을 찍고 놀았습니다. 삼삼오오 모여 사진을 찍고, 누가 더 잘 나왔는지 사진을 확인하려다 서로 머리를 부딪쳤습니다. 근처로 산책 나온 어르신들도 아이들의 유쾌한 모습을 보면서 한바탕 크게 웃으셨습니다.

현장학습이 있는 날은 평소보다 일찍 마칩니다. 그래서 상수와 상민이는 현장학습을 마치고 바로 할머니가 계신 튼튼병원에 가기로 했습니다. 친구들과 근처 PC방에서 몇 시간 게임을 하고 가도 되지만 할머니도 보고 싶고, 주희 누나도 보고 싶었기 때문입니다.

"빨리 내일이 왔으면 좋겠다. 랄랄라. 게임기 사야지. 난 여기 다 봤는데 또 봐야 해? 나 빨리 가고 싶어, 상수야."

상수는 아까부터 게임기 자랑에다 빨리 집에 가고 싶다고 찡얼거리는 동완이의 말투가 귀에 거슬렸습니다. 게임기를 산다는 말에 질투가 나서 그럴까요? 아니면 서대문 형무소에서 재미있게 보고 싶은데 옆에서 방해하니까 짜증이 난 것일까요? 상수는 동완이를 이해하려고 했지만 참지 못하고 말했습니다.

"아, 그만 좀 해. 여기 왔으면 보고 공부하면 되지. 그렇다고 다시 집에 갈 거냐? 우리 사촌 누나가 그랬는데 감옥이 만들어진 배경에 무시무시한 권력이 숨어 있는 거래. 그러니까 투덜대지 말고 잘 보고 배워."

"뭐? 무시무시한 권력? 그게 뭐야?"

동완이는 평소에 판타지와 무협만화, 공포추리만화를 좋아합니다. 그래서 무시무시하다는 말을 하니 상수에게 얼굴을 바짝 갖다 대고 물었습니다. 그러나 상수는 동완이의 기대를 저버리고 웃으면서 말했습니다.

"그건 네가 조용히 여기를 구경하고 공부하면 말해 줄게. 헤헤."

"우리 이거 마치고 어디 갈래? 세영이랑 미소는 영화 보러 간다던데 우리도 같이 갈까?"

영화를 잘 보지 않는 동완이가 영화 얘기를 꺼냈습니다. 상수가 아는 친구 동완이는 만화책과 게임을 좋아하는데, 세영이가 영화를 보러 간다니까 동완이도 같이 가고 싶은 모양입니다. 동완이의 마음이 상수의 눈에 다 보였거든요. 상수는 놀리듯이 동완이에게 말했습니다.

"난 네가 PC방 가자고 할 줄 알았는데, 영화? 우리 볼만한 거

개봉 안 했을 텐데……. 너 세영이 때문에 가자고 그러는 거 내가 다 알고 있거든! 그런데 나 오늘 마치면 바로 병원 가야 해."

상수의 말에 동완이는 얼굴이 잠시 빨갛게 달아올랐습니다. 그런데 병원을 간다는 말에 상수가 아픈 줄 알았는지 이마를 짚으면서 말했습니다.

"어디 아프냐? 음, 이마는 안 뜨거운데."

"내가 아픈 게 아니고, 우리 할머니가 병원에 입원하셨어. 수술한 건 아닌데 수술할지도 모른대."

"아, 그럼 바로 상민이랑 같이 병원 가는 거야? 난 병원에 질렸어. 내가 아기 때부터 아파서 병원에 자주 다녔었다고 했잖아. 입원도 많이 하고……. 그래서 우리 엄마랑 아빠는 병원을 별로 안 좋아해. 나 입원하고 치료하면서 우리 아빠가 간호사랑 엄청 많이 싸웠다고 하더라고. 그래서 지금도 우리 아빠는 간호사를 싫어하신대."

"네가 어렸을 때 너무 자주 아파서 지금은 튼튼한 거잖아. 내가 흥미로운 사실을 하나 알려 주겠어! 사촌 누나가 그랬는데 옛날에는 종합병원에 정신병 환자들이 훨씬 많았대. 그런데 병원에서는 일반 사람들에게 돈을 받고 정신병 환자를 보여 줬다고 그랬어. 왜 우리가 동물원에 가면 입장료 내고 들어가서 동물 보잖아. 딱 그런 셈이지."

상수는 엊그제 주희 누나에게 들었던 이야기를 동완이에게 했습니다. 역시 동완이도 상수와 상민처럼 놀란 토끼눈을 하고 있었어요.

"동물원에서 동물을 길들이는 사람이 있잖아. 그럼 그때 종합병원에서도 마찬가지였겠네? 정신병 환자를 길들이는 거야?"

"뭐, 길들인다는 것보다 권력을 확 휘둘렀던 거지."

"권력? 앗! 네가 아까 감옥에도 권력이 숨어 있다고 그랬잖아. 그거랑 똑같은 거야?"

의외로 동완이는 기억력이 좋았습니다. 상수는 지나가는 말처럼 했었는데 그것을 기억하고 있다니요. 하지만 상수도 감옥이 어떤 권력을 가지고 있는지 모르고 있었습니다. 빨리 주희 누나에게 가서 물어보고 싶었습니다. 동완이 앞에서 괜히 아는 척했다가 망신살이 뻗힐 것 같았어요. 그래서 상수는 괜스레 동완이의 등을 떠밀어서 전시관 안으로 들어가게 했어요.

"야야, 우리 반 놓치겠다. 빨리 들어가자. 나중에 선생님이랑 애들 잃어버리면 우리 미아 되는 거야."

"앗! 저기 세영이랑 미소 보인다. 저쪽이네. 빨리 가자."

상수와 동완이는 자칫하면 반 친구들을 놓칠 뻔했습니다. 그러나 동완이의 레이더망에 세영이가 포착되어 간신히 반 아이들을 찾을 수 있었습니다. 동완이는 혹여나 세영이를 놓칠까 싶어서 상수의 손을 이끌고 빨리 걸어갔습니다.

2 그리스 신화와 지하 감옥

"으으, 끔찍하다."

"너무해."

제일 먼저 들어가겠다고 아이들 사이로 비집고 들어간 세영이와 미소는 전시장을 보면서 얼굴을 약간 찡그렸어요. 세영이와 미소 말을 듣고 달려와 보던 아이들도 얼굴을 찌푸렸어요.

"자! 여러분, 모두 조용히 하고 이쪽을 보세요."

6학년 아이들이 전시장 이곳저곳을 휘젓고 다니자 서대문 형무소를 설명해 주는 선생님이 아이들을 불렀습니다. 아이들은 서로 눈치를 보다가 선생님이 계신 쪽을 향해 보았습니다. 선생님이 가리키는 곳에는 일본 경찰이 독립투사들을 고문하는 장면이 있었어요. 독립투사 얼굴과 옷이 피범벅이었고, 일본 경찰은 매서운 눈초리로 째려보고 있었어요. 하지만 인형으로 만들어진 독립투사인데도, 눈빛에서 카리스마가 느껴졌어요.

"여기 보면 알겠지만 현재 고문을 받고, 취조를 당하고 있는 모습이에요. 여러분, 여기 형무소가 세워지고 우리나라 독립투사들이 어떤 고통을 받으면서, 우리나라 독립을 위해 싸웠는지 잘 보았죠?"

"네."

"선생님들한테 설명 듣고, 비디오 감상실에서도 보고, 세뇌당하는 것 같아요."

"푸하하하."

동완이의 말에 아이들이 까르르 웃었습니다.

"다른 얘기 해 주세요. 이곳에 관한 비하인드 스토리 없어요, 선생님?"

갑작스런 물음에 형무소를 안내하던 선생님이 좀 당황한 것 같았습니다. 아이들도 여기저기서 웅성거렸고, 이야기해 달라고 난리입니다.

"자자, 알겠어요. 그럼 다들 조용히 하고, 선생님이 물어볼게요. 형무소를 다른 말로 교도소나 감옥이라고 그러죠? 그럼 이런 감옥이 언제, 어떻게, 왜 생겨났는지 궁금하지 않아요?"

"네."

"여러분들 중에 로마시대를 배경으로 한 영화 본 적 있는 사람?"

"네, 많이 봤어요."

잘난 척쟁이 영태가 말했습니다.

"사람을 죽일 때, 왕은 어떻게 하던가요?"

"엄지손가락을 아래로 해요."

이에 질세라 영화보다는 판타지 만화를 많이 본 동완이가 먼저 대답했습니다.

"그래요. 왕의 엄지손가락 위치에 따라 사람이 죽고 사는 것을 여러분들도 보았을 거예요."

"왕의 엄지손가락이 아래로 내려가면 죄인은 죽고, 위로 올리면 살아요."

역시 동완이가 대답했답니다. 잘난 척하고 싶었는데 동완이 때문에 기회를 놓친 영태가 동완이를 째려봤어요. 선생님은 계속 설명해 주셨어요.

"왕은 사람을 죽이고 살리는 권한뿐 아니라 모든 사한에 대해 결정권을 갖고 있었답니다. 백성들에게 땅을 나누어 주고, 학교를 짓고 없애기도 했어요. 옛날 왕들은 이렇게 절대적인 힘을 갖고 있었어요. 이런 왕을 우리는 전제군주라고 불렀어요."

"이야, 옛날에는 왕의 권력이나 힘이 무서워서 하고 싶은 일도 못했겠네요?"

"왕의 눈치만 살피고 있었겠어."

"앗! 꼭 학교 선생님 같아. 히히."

미소의 질문에 몇몇 아이들이 대답했습니다.

"하지만 옛날에 왕이 살던 시절에도 법은 있었을 거잖아요. 법에 따라 죄인을 처벌하면 되잖아요?"

슬아는 불만이 가득 찬 얼굴로 불쑥 물었답니다.

"왕의 말이 법이지. 법이 따로 있었겠어?"

상수가 슬아와 친구들에게 말했습니다. 그런데 슬아가 다시 상수에게 물어보는 거였어요.

"그래도 왕은 법을 지켜야 되는 것 아니니?"

"왕이니까 법을 지키지 않아도 되는 거야. 왕이 마음대로 법을 만들 수 있잖아."

"그런 것이 어디 있어? 왕이면 다야? 법을 왕이 만들었으니, 왕이 법을 지키는 것은 당연한 것 아니니?"

"잠깐만, 잠깐만. 두 학생 말이 모두 맞아요."

선생님이 막지 않았다면 상수와 슬아의 얘기는 끝없이 계속될 뻔했습니다. 하지만 슬아는 도저히 이해되지 않는다는 듯이 선생님께 말했습니다.

"아무리 왕이지만 사람을 마구 죽이는 것은 왕의 권력이 아니라고 생각해요."

"넌 어렸을 때 이솝 우화도 안 봤냐? 숲속의 왕 사자가 나귀, 토끼같이 자기보다 약한 동물을 그냥 잡아먹어 버렸잖아. 그게 바로 왕이 가진 힘이고, 권력이야."

계속 이야기에 집중하면서 듣고 있던 영태는 슬아가 답답한지 가슴을 두드리면서 말했습니다.

"사자가 아무리 힘이 세지만, 다른 동물을 잡아먹은 짓은 잘못

한 거야. 그 동물들이 사자한테 잘못한 게 뭐 있어?"

옆에서 듣고 있던 세영이가 고개를 휙 돌리면서 말했습니다.

"그래서 힘이 강한 사람이 권력을 휘두르는 거잖아."

"아무리 힘이 있는 사람이 권력을 휘두르는 것이지만, 무조건 죽이는 것은 안 된다고 생각해."

"그럼, 어떻게 해야 할까?"

세영이와 영태가 얘기하는 것을 듣던 선생님이 질문했습니다.

"잘못한 것이 있으면 감옥에 보내야죠. 아무리 왕이지만 죄인을 무조건 죽이는 것은 잘못되었다고 생각해요."

동완이가 손을 들고 차분히 대답했습니다.

"감옥?"

동완이의 말에 학생들은 모두 놀라 말했습니다.

"그럼 왕들은 감옥에도 보내지 않고, 바로 죄인을 사형시켰단 말이야?"

미소가 놀라 물었습니다.

"그래, 옛날 왕들은 바로 그 자리에서 죄인을 죽였어."

역시 잘난 척쟁이 영태가 말했습니다. 영태는 로마시대를 배경으로 만든 영화에서 왕들이 죄인을 죽이는 장면을 많이 봐서 잘 알고 있었어요.

"정말 너무했다. 아무리 왕이지만 어떻게 그럴 수가 있어?"

미소는 놀랐다는 듯이 입을 다물지 못했습니다.

"선생님, 그럼 언제부터 감옥이 생겼나요?"

"감옥이 언제부터 생겼는지 정확히 알 수는 없어요. 하지만 왕의 권력이 조금씩 약해지면서 감옥이 생기지 않았나 싶어요."

"왕이 감옥이 필요하다고 느낀 건 아닐까요?"

조용히 있던 상수는 푸코가 말한 권력을 되새기면서 아주 진지하게 물었어요. 그러자 선생님이 상수 쪽을 쳐다보면서 말했어요.

"그리스 신화를 보면 알 수 있어요. 최초의 신이 땅의 신 가이아잖아요. 가이아는 하늘의 신 우라노스와 산과 바다의 신 폰토스를 낳았어요. 그리고 가이아는 우라노스와 결혼했어요. 그런데 가이아와 우라노스는 괴물 자식을 낳았어요."

"앗! 그 괴물 이름이 뭐예요?"

그리스 신화를 설명하는 선생님의 말을 끊고, 동완이가 물었습니다.

"바로 외눈박이 괴물 키클롭스와 50개의 머리와 100개의 손을 가진 헤카톤케이레스예요."

"그런데 이 얘기가 감옥과 무슨 상관이 있어요?"

선생님이 열심히 말하는 동안 고개를 갸웃거리며 있던 영태가 물었습니다.

"우라노스는 자기 자식이긴 하지만 자기가 다스리는 나라에 괴물이 있으니까 무척 걱정이 된 거예요. 괴물들이 갑자기 횡포라도 부리면 어떻게 하겠어요. 결국 우라노스는 괴물을 꼼짝 못하게 꽁꽁 묶어서 가이아의 뱃속에 다시 집어넣었어요. 그리고는 가이아를 땅속 깊이 묻어 버렸지요. 괴물들이 다시 땅 위로 올라 올 수 없게 말이에요."

"바로 그게 감옥이구나. 땅속 깊숙한 지하 감옥!"

선생님의 설명에 동완이가 알았다는 듯이 웃으며 말했습니다. 상수는 지하 감옥에 갇혀 있었을 가이아를 생각했습니다. 가이아가 불쌍하다는 생각이 들었어요. 이건 상수가 뒤에 들은 이야기인데 나중에 가이아가 너무 억울해서 우라노스에게 복수했다고 해요.

3 감옥의 필요성과 권력

얼굴에 불만이 가득 찼던 슬아가 어느새 선생님의 이야기에 푹 빠져 있었습니다. 마치 그리스 로마 신화를 만화로 보는 것처럼 선생님을 보면서 말했어요.

"그럼 감옥은 죽일 수 없거나 죽여서는 안 되는 사람을 가두는 곳이네요? 신은 죽일 수도 없고, 또 자기 아들인데 죽어서도 안 되고……."

"도둑이나 나쁜 사람을 나쁜 짓 하지 말라고 감옥에 가두는 거예요."

"어쨌거나 죄를 지었으면 감옥에 가는 것은 당연한 거예요."

여기저기서 아이들이 자기 생각을 말했어요. 그러자 선생님이 한 번 더 물어봤어요.

"음. 죄를 지었으면 감옥에 가는 거겠지? 그런데 이곳에 갇혔던 독립투사 선생님들은 죄를 짓지 않았잖아요. 그런데 왜 감옥에 갇힌 걸까요?"

"……."

선생님의 질문에 아이들은 아무 대답을 할 수 없었습니다. 상수는 계속 고민했어요. 주희 누나가 분명히 권력과 관계가 있다고 했는데, 어떻게 관계가 있는 건지……. 상수도 영태처럼 아이들 앞에서 잘난 척 좀 하고 싶었는데 생각만큼 머리가 따라와 주질 않네요.

"일본 입장에서는 우리나라 독립투사들이 범죄를 저질렀다고 보니까 가둔 거겠죠. 일본이랑 우리나라 입장에서 보면 다르게 보일 거 아니에요."

슬아가 선생님에게 툴툴대며 이야기했습니다. 그러자 옆에 있던 세영이도 거들었습니다.

"맞아요. 이토 히로부미를 암살한 안중근 의사도 우리나라 사람들에게는 의사(義士)이지만 일본인들에게는 테러리스트라고 평가된다고 들었어요."

"야! 그런 게 어디 있어? 너 우리나라 사람 맞아? 안중근 의사가 의사지 왜 테러리스트야? 너 혹시 일본사람 아냐?"

세영이의 말이 못 마땅했는지 영태가 세영이를 톡 쏘아붙였습니다. 세영이는 안중근 의사가 테러리스트라는 뜻이 아니라 보는 관점에 따라 달라진다는 거였는데, 영태가 잘못 해석한 것 같았어요. 분위기가 이상해지자 선생님이 웃으면서 말하였어요.

"여러분, 싸우지 말고 잘 들어 보세요. 뉴스를 보면 어떤가요? 도둑질한 사람, 남을 때린 사람처럼 죄를 지은 사람이 감옥에 가는 걸 볼 수 있죠?"

"네."

"그래요. 우리는 법에 따라 죄를 지은 사람을 감옥에 보내고 있어요. 그럼 오늘날처럼 죄라는 이름으로 처벌하고 감옥에 보내는 형태가 언제 어디에서 시작됐을까요?"

선생님이 묻자 아이들은 서로 눈치를 보고 있었어요. 그때 상수가 손을 들면서 말했어요.

"옛날에 왕들이 죄인을 감옥이나 동굴에 가두면서부터 시작된 것 같아요."

"아니야. 옛날 왕들은 죄인을 감옥에 보내기 보다는 사형을 더 많이 시켰어. 유럽은 18세기까지만 해도 죄수를 감옥에 보내지 않고 처형하는 경우가 더 많았거든."

평소 세계사 책을 많이 읽는 미소가 상수의 말에 제동을 걸었습니다. 순간 상수는 할 말이 없어졌어요. 잘난 척 좀 해 보려다가 망신살만 뻗친 것 같아 부끄러웠어요.

"그런데 사형보다 감옥에 가는 게 더 나은 거 아니에요?"

"맞아요. 사형으로 사람의 목숨을 쉽게 버리는 것보다 감옥을 만들어서 사람의 목숨을 좀 더 소중하게 여기자는 생각에서 나온 것이라고 해요. 하지만 전혀 다르게 생각한 사람이 있었답니다."

"그게 누구에요?"

"바로 푸코라는 프랑스 철학자지요."

푸코랍니다. 상수가 익숙하게 들었던 미셸 푸코 말입니다. 상수는 주희 누나에게 권력 이야기를 들으면서 이미 푸코를 알고 있었거든요.

"푸코가 어떻게 생각했는데요?"

"옛날에는 죄인이 죄를 지은 것에 따라 사형을 시키거나 감옥에 가두는 일을 왕이 결정했어요. 이런 왕의 권력을 지금은 재판관들이 가지고 있고요. 왕이나 재판관이 형벌을 결정 내릴 때 사형시키는 것보다 감옥에 보내는 것이 처벌을 약하게 하는 것이겠죠?"

"그렇죠. 죄가 무거운 사람은 사형시키고, 죄가 가벼운 사람은 감옥에 보내는 것이잖아요. 그러니까 감옥에 가는 것이 처벌을 약하게 하는 거죠."

세영이가 자신 있게 말했습니다.

"그래요. 그럼 사형을 당해야 할 사람이 감옥에 가면, 그 사람은 권력을 가진 사람에게 고마워할까요? 아니면 미운 마음이 생길까요?"

"그거야 당연히 고마워해야죠!"

학생들은 합창이라도 하듯 동시에 말했습니다. 선생님은 빙그레 웃으면서 설명했어요.

"그렇겠죠. 푸코는 바로 이 점을 중요하게 생각했어요. 가벼운 형벌을 받고 감옥에 가는 사람은 권력을 가진 사람에게 고마운 마음을 갖게 될 거예요. 그리고 그 사람은 자신도 모르게 권력에 복종하게 되는 것이죠."

"아, 그러니까 푸코는 감옥이야 말로 백성들을 확실하게 틀어쥘 수 있는 분명한 권력의 수단이라고 생각한 거네요? 그러니까 일본 경찰이 독립투사를 감옥에 가둔 이유도 권력을 부리기 위해서죠. 함부로 죽였다간 독립군에 대한 다른 정보를 얻을 수 없잖아요."

상수는 주희 누나에게 들은 푸코의 권력을 떠올리면서 얘기했습니다. 왠지 이번에는 자신의 말이 딱 맞을 것 같았어요. 혼자서 히죽히죽 웃는 상수 얼굴을 보던 동완이가 슬쩍 상수를 밀었어요. 상수는 계속 얘기했어요.

"그리고 사람을 감옥에서 취조하고 고문시키다가 풀어주면 일본 경찰에 대한 고마운 마음이 들어서 일본 권력에 앞장설 수도 있었고요."

"그래요. 우리 초등학교에는 똑똑한 친구들이 많네요. 사람들은 법을 어기면 감옥에 가거나 다른 처벌을 받게 되잖아요. 미셸 푸코는 법을 어기면 감옥과 처벌이라는 것 때문에, 사람들이 법을 어기지 않는다고 보았지요. 그런 과정을 통해서 사람들은 규율을 지키는 사람, 혹은 규율을 지키는 사회를 만들어야 한다는 생각을 하게 되는 거예요."

선생님이 상수를 칭찬해 주자 상수는 무척 기뻐했어요. 드디어 잘난 척을 크게 터뜨렸다고 할까요. 그런데 선생님의 말이 끝나자 세영이가 뾰로통하게 대답하는 거예요.

"그런데 규율이 있는 사회는 좋은 거잖아요. 아니에요?"

"물론 좋은 것이죠. 하지만 미셸 푸코는 규율이 많아지면 많아질수록 사람들의 자유는 억눌린다고 보았어요. 그리고 감시하고 처벌하는 것들이 모두 자기가 가지고 있는 권력을 다른 사람들한테 빼앗기지 않기 위해서라고 했어요."

"맞네. 학교도 규율이 많아질수록 우리가 자유롭게 할 수 있는 건 줄어들잖아."

동완이의 말에 아이들은 고개를 끄덕이면서 공감하는 것 같았습니다. 내년이면 중학교에 들어가는데, 중학교는 초등학교보다 규율이 훨씬 심하잖아요. 다들 그런 걱정을 하고 있는 것 같았어요.

감옥의 권력

　이솝우화 중에서 사자, 나귀 그리고 여우가 사냥감을 나눈 이야기가 있습니다. 그 내용은 다음과 같습니다.

　사자, 나귀 그리고 여우가 한패가 되어 사냥을 하여 많은 짐승을 잡았습니다. 사자는 나귀에게 사냥감을 나누어 보라고 하였습니다. 그 말을 들은 나귀는 똑같이 세 몫으로 나눴습니다. 이 모습을 본 사자는 화가 나서 나귀를 잡아먹고 말았습니다. 그 다음 여우에게 잡은 짐승을 다시 나누라고 하였습니다. 여우는 사냥감 거의 모두를 한곳에 모아 쌓았습니다. 그리고 변변치 못한 서너 점을 따로 모았습니다. 그리고는 여우는 사자에게 원하는 몫을 가지라고 하였습니다. 사자는 그러한 여우를 보고 좋아했다고 합니다.

　여우는 왜 사자에게 많은 사냥감을 주었을까? 아마도 여우는 사자가 무서워서 그렇게 했을 것입니다. 그럼 왜 사자가 무서웠을까요? 그 이유는 사자가 여우보다 힘이 세기 때문일 것입니다. 사자처럼 다른 짐승이나 사람을 공포로 몰고 갈 수 있는 힘을 권력이라고 합니다.

　옛날 왕들은 무엇이든 할 수 있었습니다. 사람을 죽이고 살리는 일부터 땅을 나누어 주고 빼앗는 일까지, 할 수 없는 일이 없었습니다. 사자와 함께 사냥을 한 나귀는 아무런 잘못을 하지 않았습니다. 하지만 사자는 나귀를 잡아먹었습니다. 단지 나귀의 행동이 마음에 들지 않는다는 이유 때문입니다. 하지만 사자는 자신의 마음에 든 여우에게는 아주 관대했습니다.

　이와 마찬가지로 옛날 왕들은 죄지은 사람에 대해서는 자기 마음대로 벌을 주었답니다. 사람들이 왕의 마음에 거슬린 행동을 하면 왕은 그 자리에서 바로 그 사람을 벌하였습니다. 그것이 당시의 법이었답니다. 그리고 그것이 왕의 힘이며, 왕의 권력이었답니다.

요즘은 어떻습니까? 잘못을 한 사람은 재판을 통해 벌을 받습니다. 벌을 받아야 하는 사람이 가는 곳이 바로 감옥입니다. 감옥이 언제부터 생겼는지는 모르지만, 왕의 권력이 조금씩 약해지면서 감옥이 생기지 않았나 생각됩니다.

왕은 죄 지은 사람을 죽일 수 있는 권한이 있었습니다. 그럼에도 불구하고 죽이지 않고 감옥에 보내는 이유가 무엇일까요? 아무리 큰 죄를 지었지만 함부로 다룰 수 없는 사람을 왕은 감옥에 보냈을 것입니다. 바로 이런 점에서 푸코는 감옥이 필요 없다고 주장합니다.

도둑질한 사람은 감옥에 가야만 합니다. 남을 때린 사람도 감옥에 가야만 합니다. 이와 같이 오늘날 우리는 법에 따라 죄지은 사람을 감옥에 보냅니다. 그런데 왜 푸코는 감옥이 필요 없다고 했을까요? '오늘날 우리가 죄라는 이름으로 처벌하고 감옥에 보내는 것의 근원은 어디에서 왔을까' 하고 푸코는 묻고 있습니다.

뿐만 아니라 푸코는 '감옥에 보내는 것이 과연 꼭 필요한 것인가?' 하고 묻습니다. 죄를 지었다고 모두 감옥에 가는 것은 아닙니다. 권력을 가진 사람의 지시가 있어야만, 죄지은 사람은 감옥으로 갑니다. 권력을

가진 사람은 옛날에는 왕이었겠죠. 지금은 재판관일 것입니다.

　앞에서도 본 것과 같이 옛날에는 왕들이 많은 사람을 사형시켰습니다. 하지만 오늘날 사형제도는 점점 사라지고, 대신 죄를 지은 사람은 감옥에 갑니다. 죄인의 입장에서는 사형보다 감옥에 가는 것이 더 좋겠죠? 그 이유는 왕의 권력보다 백성들의 권력이 더 강해졌다는 의미입니다. 그래서 푸코는 감옥이 만들어진 것은 사람을 중요하게 생각하기 때문이라고 주장합니다.

　하지만 푸코는 한 걸음 더 나아가서 사형을 시키지 않고 감옥에 보내는 것도 권력이라고 주장합니다. 사형당할 만큼 큰 죄를 지은 사람을 사형시키지 않고 감옥에 보내면, 그 사람은 권력을 가진 사람에게 아주 고마워할 것입니다. 푸코는 바로 이 사실을 중요하게 생각했습니다.

　자신이 지은 죄에 비해 보다 가벼운 형벌을 받고 감옥에 가는 사람은 권력을 가진 사람에게 아주 고마운 마음을 갖게 될 것입니다. 그리고 그 사람은 자신도 모르게 권력에 놀라고 복종하게 될 것입니다.

　푸코는 이렇게 사람들이 감옥이라는 것을 통하여 왕과 같이 권력을 가진 사람에게 복종하게 된다고 보았습니다. 그래서 푸코는 이러한 사실을 비판하면서 감옥이 필요 없다고 했던 것이랍니다. 푸코가 왜 감옥이 필요 없다고 했는지 이해하셨겠죠?

4

부모의 권력

 규율의 제도는 인간 행위를 관찰하는 현미경처럼 기능하는 통제
장치를 확산시켰다.

— 미셸 푸코, 《광기의 역사》

1 화가 난 엄마

"진짜 오길 잘한 것 같아."

"응, 나도 그래. 충격적이었어. 어제 주희 누나가 말해 준 병원 이야기만큼 충격적이야."

상수와 상민이는 병원으로 걸어가면서 현장학습의 생생한 모습을 서로 얘기하고 있었습니다. 서대문 형무소에서 그리 멀지 않은 곳에 튼튼병원이 있습니다. 두 아이는 곧 할머니를 본다는 생각에 어제처럼 들떠 있었습니다. 거리가 멀지 않았는데도 상민이의 얼굴에 땀이 송글송글 맺혀 있었습니다. 같이 걸어가는데 상민이가 계속 뒤처지는 느낌이 들었습니다. 상수는 뒤돌아서 상민이를 불렀습니다.

"상민아! 빨리 가자. 주희 누나랑 할머니 빨리 보고 싶단 말이야. 왜 이렇게 걸음이 느리냐?"

"헉! 조금 힘드네. 넌 괜찮아? 더운데 걸으니까 땀도 많이 나고, 이러다가 내가 병원에 입원하는 거 아닌지 모르겠어. 헤헤."

상민이는 이마에 맺힌 땀을 스윽 닦으면서 말했습니다. 상수는 그런 상민이의 모습을 보고 안쓰러운 마음이 들었어요. 상민이는 평소에 공부한다고 친구들과 축구와 농구를 자주 하지 않았어요. 그렇다고 엄마가 태권도 학원을 보내주는 것은 아니라서 가만히 앉아서 공부하는 시간이 더 많았을 거예요. 그래서일까요? 상수의 눈에는 상민이가 좀 살쪄 보이고, 몸에 있는 힘이 여기저기로 퍼져서 없어지고 있다는 느낌이었어요.

"야, 네가 살이 쪄서 그렇대도. 살 빼, 살 빼. 살이 많으니까 많이 더워하는 거야. 너 여름에는 완전 죽잖아. 이제 가을이라고요. 왜 이렇게 땀을 흘려? 조금만 힘내."

상민이는 다시 고개를 들어 웃으면서 걸어갔습니다. 그 모습을 보니까 상수는 갑자기 화가 났습니다. 바로 엄마에게 화가 난 것이죠. 상민이가 살이 찌고 몸에 기운이 없어 보이는 것은 엄마가 공부를 많이 시켜서 그렇다고 생각했어요. 친구들과 같이 밖에서 자주 뛰어 놀고 그러면 살도 빠지고, 건강도 더 좋아지는데 말입니다.

이런저런 생각을 하다 보니 어느새 병원 앞에 도착했습니다. 병실 문을 열었더니 할머니 혼자 침대에 누워 있는 것이 보였습니다. 그 옆에는 엄마가 평소에 들고 다니는 핸드백과 주희 누나의 가방이 보였습니다. 그런데 엄마와 주희 누나는 어디에 갔을까요?

"할머니!"

상수와 상민이는 동시에 할머니의 품에 달려가서 안겼습니다. 할머니는 어제보다 얼굴이 좀 더 좋아지신 것 같았습니다. 아마 눈에 넣어도 안 아픈 귀여운 손자들이 와서 그렇겠죠? 할머니는 상수와 상민이의 머리를 쓰다듬으면서 말했습니다.

"왜 또 왔노? 오늘 학교에서 어디 갔다더만……. 요놈들, 배고프제? 냉장고 안에 먹을 거 있을끼다. 어여 뭐 좀 먹어."

"진짜? 나 빵 먹고 싶은데, 빵도 있을까?"

체력을 써서 그런지 배가 고팠습니다. 상수가 냉장고 문을 열려는 순간 등 뒤에 있는 병실 문도 열렸습니다. 그때 바로 엄마의 낮은 목소리가 들렸습니다.

"박상민, 너 지금 몇 신데 병원에 왔어? 학원에 있을 시간 아니야? 너 어제도 빠졌잖아. 어제는 엄마가 이해한다고 해도 오늘까지 빠지면 어떻게 진도 따라가려고 그러는 거야? 얘가 정신이 있어, 없어? 너 지금 엄마한테 반항하는 거야?"

엄마는 병실에서 목소리를 높일 수도 없어서 조용히 말했습니다. 하지만 왜 그런 목소리가 더 무서운 걸까요? 상민이는 엄마가 화내시는 모습에 어쩔 줄 모르고 있었습니다.

"그게, 그게, 그게요……. 그러니까……."

"이놈의 자식이, 너 엄마 따라와. 어서. 빨리 안 나와?"

엄마는 병원 바깥에서 상민이를 야단치려고 하는 것 같았습니다. 상민이가 꼼짝을 하지 않고 있자 엄마는 상민이의 팔을 잡아 끌었습니다. 그러자 누워 계시던 할머니가 엄마를 말렸습니다.

"야야, 그만해라. 만다꼬 아를 잡을라 카노."

"아 숙모, 숙모. 상민이 겁에 질렸겠어요. 나중에 조용히 타이르세요."

뒤늦게 병실에 들어온 주희 누나가 엄마를 말리고, 상민이를 보

듣어 주었습니다. 주희 누나의 품 안에서 상민이 몸을 미세하게
떨고 있었습니다. 엄마는 아직 화가 가라앉지 않아 상민이를 내려
보았습니다. 주희 누나는 화가 잔뜩 난 엄마를 데리고 병실을 빠
져나갔습니다. 빵을 집어든 채 서 있는 상수는 눈앞에서 벌어진
상황들이 무척 익숙했습니다. 집에서 가끔 벌어졌던 일이니까요.
그러나 이제는 그 익숙함에서 어서 벗어나고 싶다는 생각이 들었
습니다.

2 엄마의 권력과 상민이의 눈물

하얀 병원 복도에 긴 의자가 서너 개가 줄 지어 있었습니다. 엄마와 주희 누나가 한 손에 종이컵을 쥐고 앉아 있는 것이 보였습니다. 엄마는 무슨 할 말이 많은지 계속 주희 누나를 향해 쉬지 않고 말했습니다. 주희 누나는 고개를 끄덕이면서 얘기를 계속 듣고 있었습니다. 그 모습을 보던 상수와 상민이가 천천히 엄마와 주희 누나 쪽으로 걸어갔습니다. 상민이는 고개를 푹 숙인 채 엄마 앞에 서 있었습니다.

"엄마, 죄송해요……. 다시는 안 그럴게요."

상민이는 엄마 앞에서 눈물을 뚝뚝 흘리면서 말했습니다. 엄마는 상민이를 매서운 눈초리로 쳐다보았어요. 상민이는 계속 고개를 숙이고 있었죠. 옆에서 상수와 주희 누나는 어떻게 해야 할지 안절부절 어쩔 줄 모르고 있었어요.

그때 상민이가 계속 말을 하였습니다.

"흑, 그런데요 엄마. 흑, 저도 공부 하고 싶을 때가 있고 너무 하기 싫을 때가 있어요. 흑, 오늘은 학원수업도 중요하지만 흑, 할머니가 더 보고 싶었고 할머니도 절 보면 좋아하셔서 더 빨리 건강해지실 거라고 생각했어요. 흑, 엄마도 제 마음을 조금 알아주셨으면 좋겠어요. 매일 공부해라 공부해라는 소리 듣는 것도 지쳐요."

평소와 다른 상민이의 태도에 엄마는 적잖게 당황했습니다. 엄마와 주희 누나 그리고 상수는 모두 상민이를 멍하니 바라보고 있었습니다. 엄마는 다시 상민이를 혼낼 만도 한데 계속 듣고 있었습니다.

"저도 상수처럼 학교 마치면 친구들이랑 축구도 막 하고 싶어요. 수학학원이 아니고 엄마랑 같이 더 이야기하고 싶어요. 영어

과외가 아니라 읽고 싶은 책도 읽고, 가끔 컴퓨터 게임도 하고 싶다고요. 하고 싶은 거 하지 못하고 앉아서 문제만 풀고 있으니까 답답할 때도 많아요. 그럴 때마다 엄마한테 말하고 싶었지만 말하는 게 두려웠어요. 그래서…… 그래서…… 무서웠어요. 지금도 무서워요."

"……."

상민이의 말에 엄마는 아무 말도 하지 못하고 가만히 앉아 있었어요. 엄마는 마치 눈앞에 있는 아들이 자신의 아들이 아닌 것처럼, 처음 본 아이가 자신에게 말을 걸어오는 것처럼 느꼈어요. 네 사람 사이에는 냉랭하지도 따뜻하지도 않은 공기가 주변을 맴돌고 있었습니다. 주희 누나는 이 미지근한 공기를 어떻게 변화시켜야 할지 고민하고 있었어요. 상수도 상민이의 다른 면을 발견하고는 멍하니 서 있었어요. 조용하고 미지근한 공기를 깨고 주희 누나가 일어나면서 말했어요.

"이야, 상민이 너 말 잘한다. 나중에 국회의원이라도 해라. 상민이가 마음고생이 심했나 보네. 숙모, 집에 들어가서 상민이 맛있는 것 좀 해 주세요. 얘가 알게 모르게 스트레스를 많이 받았나 봐요."

"……."

"숙모? 숙모!"

"어? 어, 그래. 뭐라고?"

"상민이 맛있는 것 좀 해 주시라고요. 스트레스 쌓였을 때는 기름진 게 최고예요. 히히."

"응. 그래, 그래야지……. 그런데 상민아, 엄마가 네 마음을 아예 모르고 있는 건 아니야. 다 너 잘되라고 그랬지. 내 아들인데 엄마가 너한테 못할 말 한 것도 아니고, 상민이 네가 그렇게 생각하니까 엄마는 조금 섭섭하구나."

엄마는 착하고 귀한 아들이 못내 아쉬운 말을 하자 섭섭하게 생각했어요. 그러자 주희 누나가 엄마의 손을 꼬옥 잡으면서 천천히 말하였습니다.

"숙모, 너무 섭섭하게 생각하지 마세요. 상민이도 이제는 본인이 왜 공부를 해야 하는지 생각하면서 공부해야죠. 숙모의 강요에 못 이겨서 하는 거라면 아무 의미가 없어요. 어쩌면 숙모는 부모님이라는 이름을 가지고 상민이를 지배한 건지도 몰라요."

"주희야, 내가 상민이를 지배하고 구속하고 있다는 거니?"

"제가 숙모에게 주제넘은 말을 하는 것 같지만 상민이랑 상수도 꼭 알아야 할 것 같아 말씀드릴게요. 숙모도 잘 아시겠지만 우리 사회에 잘못된 권력이 많이 있어요. 잘못된 권력이 사회를 이끌어 가서는 큰일나죠. 그래서 푸코라는 철학자는 그런 잘못된 권력을 찾아봄으로써 진정한 권력이 무엇인지 알 수 있다고 생각했어요."

"푸코? 누나가 저번에 얘기했던 그 사람? 오전에 형무소 현장 학습 갔다 왔는데, 거기 선생님도 푸코 얘기해 줬어. 그런데 자식을 지배한다는 권력이 뭐야? 자식의 말을 존중하지 않는다는 건가? 부모님이 자식의 말을 존중하기도 해?"

상수는 푸코, 권력이란 말에 귀와 눈이 동그래져서 물었습니다.

"그래, 그 푸코. 내가 어제 권력에 대한 이야기를 했잖아. 너희들 그리스 신화 잘 알고 있지? 거기에 나오는 헤르메스는 어떠니?"

"아! 제우스의 아들이자 전령의 신?"

상수는 예전에 봤었던 그리스 로마 신화 만화를 떠올리며 말했습니다. 그러자 주희 누나가 다시 물었습니다.

"그리고 아스클레피오스는 어떠니?"

"아폴론도 아들 아스클레피오스의 말을 존중했잖아. 그런데 제우스는 아들의 도둑질이나 거짓말을 존중했잖아?"

상수는 잘 모르겠다는 듯이 고개를 돌려가며 말했습니다. 그러자 바로 주희 누나는 시원하게 대답해 주었습니다.

"맞아. 아버지는 아들의 거짓말까지 존중해 주었지. 우리 주변에 있는 아버지들도 마찬가지야. 제우스처럼 아들의 말을 존중해 주는 아버지가 있는 반면에 아무리 참말을 해도 아들의 말을 무시하는 부모님도 많이 있어. 하지만 제우스도 같은 아들이지만 장남인 아폴론을 싫어했잖아. 언젠가 자기 자리를 빼앗을 거라는 생각 때문에……. 아폴론은 어떠니?"

"아폴론의 아들 아스클레피오스가 할아버지인 제우스에 의해 죽었는데, 아폴론이 다시 살려 냈잖아."

"그래. 아폴론이 아들 아스클레피오스를 얼마나 좋아하고 그의 말을 존중하였는지 이제 알겠지? 그런데 이런 사람들이 얼마나 있을까?"

"많지 않을 것 같아. 제우스만 하여도 아들 아폴론을 믿지 않았잖아. 오히려 아들을 시기하고 질투하였으니……. 쯧쯧."

상수는 말을 하면서 마치 할머니처럼 혀를 끌끌 찼습니다. 주희 누나와 상수의 대화에 엄마와 상민이는 아무 말도 하지 못하고 가만히 듣고 있기만 하였어요.

"바로 여기서 푸코는 자식을 존중하는 부모에 대한 얘기를 하고 있는 거야."

주희 누나의 말이 끝나자 엄마가 천천히 말을 하였습니다. 바싹 마른 입술 사이로 힘없이 한 글자 한 글자를 내뱉고 있는 것 같았어요.

"그렇구나. 자식의 의견을 무시하는 것도 부모의 권력이야. 부모는 자식보다 힘이 있다는 이유로 자식을 지배하려고 했어. 그리고 자식은 그것을 부모의 권력으로 보겠지. 이런 권력이 사라질 수 있을까?"

엄마는 고개 숙인 상민이의 머리를 쓰다듬어 주었습니다. 상민이도 그제야 고개를 다시 들고 닭똥 같은 눈물을 뚝뚝 흘렸어요. 상민이는 훌쩍 거리면서 엄마에게 말했어요.

"엄마, 미안해요. 전부 엄마 탓이 아니에요. 저도 하기 싫고, 하고 싶은 것을 엄마한테 정직하게 모두 얘기했어야 했는데 그러지 못했어요. 너무 못난 것 같아요. 올바르지 못하다고 생각하면 말해야 하는데……. 전 정말 용기도 없고 겁 많은 못난 아이에요. 상수는 그렇지 않는데 전 너무 부끄럽기만 해요."

상수는 갑자기 상민이가 자기 이름을 말하자 놀라서 가슴이 쿵

쾅쿵쾅 뛰었습니다. 그런데 쿵쾅되는 심장소리가 기분 좋게 느껴졌습니다. 항상 상민이와 비교되면서 야단만 맞았던 상수인데, 꼭 상민이가 상수를 칭찬하는 것 같았거든요. 상수는 상민이를 한 번 스윽 쳐다보며 미소를 머금었습니다.

3 잘못된 권력이 너무 많아요

"자자, 이제 들어가요. 병실에 할머니만 놔두고 뭐하고 있었담. 호호. 숙모, 데워 놓은 죽 식겠어요. 빨리 들어가요."

주희 누나가 앉아있던 엄마를 일으켜 세웠습니다. 엄마도 다시 정신이 드는지 의자에서 일어났습니다. 엄마의 눈앞에는 지금까지 자신이 상민이에게 공부를 강요해 온 모습들이 영화처럼 삭삭 지나갔습니다. 그동안 상민이가 힘들어 했을 걸 생각하니 마음이 너무 아팠습니다.

"엄마, 괜찮아요. 엄마가 계속 이러면 내가 괜히 말한 것 같잖아."

상민이는 엄마의 마음을 알았나 봅니다. 상민이는 웃으면서 엄마에게 팔짱을 꼈습니다. 그 모습을 뒤에서 지켜보던 상수는 주희 누나의 팔짱을 꼭 꼈습니다.

드르륵.

상민이가 병실 문을 열고 안으로 들어갔습니다. 할머니가 혼자 계신 줄 알았는데 어느새 아빠가 회사 일을 마치고 오셨어요. 아빠는 할머니에게 얘기를 듣고 미리 짐작하고 있었던 모양이에요.

"당신 오늘 일찍 왔네요?"

"응. 바깥에서 일 처리하고 바로 퇴근했어. 상민이 너 엉덩이에 털 안 났냐?"

아빠는 눈과 코가 빨간 상민이를 보시고는 웃으면서 말씀하셨습니다.

"어머니, 죄송해요. 어머니 앞에서 못난 모습 보여 드렸어요."

엄마는 할머니 옆에 앉으면서 말했습니다. 상민이를 데리고 야단치면서, 부모로서 자식에게 권력을 부렸다는 생각에 부끄러웠습니다. 그러자 할머니는 다시 엄마의 손등을 토닥이면서 말씀하셨습니다.

"아이다. 다 네 자식 잘 되라고 하는 마음에서 그런 거 아니겠나. 요새 세상이 하도 이렇다 보니 방법이 잘못된 거지. 그래도 요즘은 훨씬 낫지……."

할머니는 창문을 바라보시면서 한숨을 푹 쉬셨습니다. 마치 아주 오래 전 일을 기억하려는 듯이 말이에요. 힘이 없어 보이는 할머니의 옆모습을 보자 상민이는 왠지 자기 때문인 것 같아 가슴이 아렸습니다. 너무 미안했죠. 그래도 상수는 아무렇지 않은 듯 할머니에게 다가가서 물었습니다.

"할머니, 왜요? 요즘이 훨씬 낫다는 게 어떤 거예요?"

"옛날에는 할머니 결혼하던 시절에 말이야. 남편 얼굴도 모르고 시집가는 친구들이 많았어."

"네에?"

할머니의 말에 상수와 상민이는 무척 놀랐습니다. 얼굴을 모른다는 건 한 번도 본적이 없다는 거잖아요. 그런데 어떻게 결혼을 할 수 있었을까요? 상수와 상민이는 할머니의 말이 도무지 이해가 되지 않았어요.

"항상 어른들이 그랬지. 여자는 남자의 말을 잘 들어야 된다고 말이다. 그런 여자야 말로 가장 좋은 신부감이라고 점찍어 두고 그랬다 아이가."

할머니는 할아버지와 결혼할 때를 생각하고 있는 것 같았습니다. 눈가에 웃으면 생기는 주름이 할머니 얼굴에 활짝 피었거든요. 그때 주희 누나가 말했습니다.

"맞아요. 그런데 그건 서양에서도 마찬가지였어요. 남자 말을 다소곳이 잘 듣는 여자야말로 최고의 여자로 봤다나 어쨌다나. 반면 남자에게 반항하거나 남자 말을 듣지 않는 여자는 나쁜 여자로 취급해서 감옥에 보내기도 했대요."

"서양도 그랬다고? 뭐 서양이라고 다 좋은 건 아니네."

"우리나라도 결혼한 여자가 남자 말을 듣지 않으면 친정집으로 보내 다시 교육시키기도 했었잖아요."

옆에서 이야기를 듣고 있던 엄마가 말하자 아빠도 덧붙여서 말했습니다.

"음. 역사적으로 볼 때도 남자는 여자를 지배하고 힘으로 눌렀지."

오래전부터 힘이 센 남자들이 여자들을 억압하고, 여자들이 사회활동도 거의 하지 못하고, 공부도 마음대로 할 수 없었다고 합니다. 하지만 그런 아빠의 이야기에 상민이는 어리둥절한 표정으로 말했어요.

"그런데요, 여자들이 남자들 때문에 억압받는 건 요즘도 볼 수 있지 않아요?"

"야, 요새 여자애들 괴롭히는 애들이 어디 있어. 오히려 여자애들이 남자애들 괴롭히잖아."

상수는 상민이 말에 버럭 화를 내면서 말했습니다. 며칠 전에 상수는 자기보다 키가 큰 여자 짝꿍에게 팔뚝을 꼬집혔거든요. 따끔하게 아파서 무척 화가 났어요. 반 애들이 다 있는데 싸울 수도 없고, 그렇다고 해서 여자애를 때릴 수도 없고 기분이 너무 나빴죠.

"하지만 그런 여자애들이 많지는 않을 거야. 아무리 시대가 변한다고 하지만 옛날부터 지금까지 남자들이 여자를 지배하려고 했던 건 사실이야."

주희 누나는 팔짱을 낀 채 천장을 쳐다보며 말했습니다. 분명히 주희 누나는 '많지 않은 여자' 중에 한 명일 거예요.

"맞아요. 남자들은 참 이상해요."

상민이는 고개를 끄덕이면서 말했습니다. 상수는 자기가 남자이면서 저런 말을 어떻게 아무렇지도 않게 할 수 있는지 상수가 너무 신기했어요.

"이것도 푸코는 권력이라고 보았어."

"푸코가 이런 얘기도 했어?"

주희 누나의 설명에 상수와 상민이는 모두 놀라 말했어요.

"그래, 푸코는 몇 가지 권력의 예를 들면서 여성을 지배하려는 남성의 권력에 대해서도 말했단다."

"그럼 푸코는 여자를 지배하려는 남자의 권력은 잘못된 권력으로 보았겠네?"

상민이가 똑똑하게 대답하자 주희 누나는 맞았다면서 웃어주면서 말했어요.

"역시, 푸코는 대단해. 그런데 푸코도 남자면서 왜 그런 생각을 했을까?"

푸코라는 말에 상수는 눈과 귀가 번쩍 뜨이면서 물었어요. 그러자 옆에 서 있던 아빠가 말했어요.

"너희들은 매 맞는 여자라는 말 들어봤니?"

"그럼요. 들어 봤죠."

"아들을 여자보다 더 좋아한다는 말도 들어 봤니?"

"네, 그것도 들어 봤어요."

"그런 걸 너희들은 어떻게 생각하니?"

아빠의 질문에 상수는 잠시 시무룩해져 있었습니다. 그러다가 곧 대답 대신 질문을 했어요.

"하지만 매 맞는 남자도 있잖아요. 그리고 여자를 더 좋아하는 부모님도 있단 말이에요. 아빠도 우리가 둘 다 아들이라서 섭섭하시다고 그랬잖아. 딸이 있었으면 좋겠다고 그랬으면서……."

상수가 갑자기 옛날 얘기를 꺼내자 아빠는 깜짝 놀랐어요. 아빠는 예쁘고 귀여운 딸이 하나 더 있었으면 좋겠다고 노래를 불렀었거든요. 그때 주희 누나가 말했어요.

"너희들 말이 맞아. 여자아이를 좋아하는 부모님도 계시고, 남자아이를 좋아하는 부모님도 계셔. 그리고 매 맞는 남자도 있고, 매 맞는 여자도 있어. 하지만 오늘날 우리 사회 전체로 볼 때, 여전히 남자가 여자를 지배하고 있어. 아마 너희들도 내 말에 동의할 거야."

"어디 남자랑 여자 문제뿐이겠니? 구청에 가면 무슨 행정적인 처리가 그리 많은지……. 민원처리 하나 하려면 며칠이 걸린다니까. 이런 것도 다 공무원의 권력이지."

아빠는 평소 거래하시던 일 때문에 불만이 많았던 모양입니다. 상민이에게 침을 튀겨가며 말씀하셨거든요.

"어쨌든 중요한 건 권력임을 알면서도 위축되어 복종하며 지내냐, 아님 권력의 테두리 안에 스스로 깨고 나올 수 있냐가 문제에요. 여성들이 성불평등으로 계속 피해 보는데, 남성의 권력이라고 인정하면서 가만히 있었다고 생각해 보세요. 그럼 절대 변화는 없어요. 잘못된 권력이 계속 사회를 이끌고 나갔겠죠."

주희 누나가 말을 끝내자 상수와 상민이는 서로를 쳐다보았습니다. 상민이가 상수를 보고 먼저 함박 웃었어요. 그리고 상민이와 상수만이 알 수 있는 마음 신호를 서로에게 보냈죠.

'형, 나도 이제 변할 거야. 잘못된 건 잘못됐다고 말하고, 권력에 이끌리기보다 스스로 결정하고 행동할 수 있다는 걸 엄마한테 보여 줄래.'

'그래. 우리는 할 수 있어. 권력! 그까짓 거, 우리가 자신 스스로에게 권력을 행사해 버리는 거야.'

행정의 권력

앞에서 상민이와 엄마 사이에 일어난 갈등을 통해 우리는 부모의 권력이 무엇인지 알 수 있었습니다. 그리고 남성의 권력이 사회에 어떻게 뿌리박고, 펼쳐지고 있는지도 알 수 있었어요. 그러면 푸코가 말한 여러 권력 중에 마지막으로 행정의 권력에 대해 알아볼게요.

여러분 중에는 전학 온 사람이 있을 것입니다. 학생들이 전학을 할 때는 교육청에서 정해 놓은 규칙에 따라야 합니다.

전학 뿐 아니라 여러분들이 입학할 때도, 여러분 마음대로 학교를 정하는 것이 아닙니다. 물론 사립학교를 갈 때는 다르겠지만, 국가에서 운영하는 공립학교를 가려면, 교육청의 지시에 따라야 합니다.

우리가 사는 집에는 모두 주소가 있답니다. 교육청 공무원들은 그 주소를 통해서 우리가 사는 곳을 잘 알고 있습니다. 그리고 우리가 편하게

학교를 다닐 수 있게, 우리가 살고 있는 곳과 가장 가까운 학교에 배정해 줍니다. 입학할 때나 전학을 할 때도 이 규칙을 교육청 공무원들은 꼭 지킨답니다. 그렇기 때문에 우리가 원하는 학교에 입학이나 전학이 될 수 없을 수도 있답니다.

결국 교육청에서 정해놓은 법에 학생들은 무조건 따라야 합니다. 그래서 어떤 사람들은 교육청 공무원들 편하자고 정해 놓은 법이라며 불평하는 사람도 있습니다. 반면 교육청 공무원들은 학생들이 집 근방에서 편안하게 학교를 다닐 수 있도록 정해 놓았다고도 할 것입니다.

여러분이 사는 곳에는 동사무소, 구청, 시청, 경찰서, 교육청 등이 있죠. 즉, 여러분들이 편하게 살아 갈 수 있도록 도와주는 곳이죠. 이런 곳을 우리는 관공서 혹은 행정부서라고 합니다. 이런 곳에서 일하는 사람을 우리는 공무원이라고 하고요. 그리고 이런 곳에서 하는 일을 우리는 행정이라고 합니다.

행정은 아무렇게나 하는 것이 아니라, 정해진 법에 따라 해야 합니다. 그렇지 않으면 법을 어기는 것이 됩니다. 이사를 갈 때, 우리는 동사무소에 가서 이사 간다고 신고를 해야 합니다. 그리고 새로 이사 온 동사무소에 가서는 역시 새로 이사 왔다고 신고를 해야 합니다.

물론 이사를 다니는 사람은 불편하겠죠. 그래서 그런 법에 대해서 부정적으로 보는 사람들이 있답니다. 아무 곳에서나 살면 되지 신고는 왜 하느냐 하고 말입니다. 하지만 공무원들은 모든 것을 파악하고 있어야 합니다. 그래서 공무원들은 법칙을 정해 놓습니다.

이런 법은 아무렇게나 정하는 것이 아니랍니다. 공무원들은 시민들이 어떻게 하면 편하게 살까를 생각하기 때문에, 많은 고민을 하고 정합니다. 하지만 모든 시민들이 다 만족할 수는 없겠죠.

이렇게 공무원들의 일에 불만을 품은 사람들이 주장하는 것이 바로 행정편의주의라는 것입니다. 즉, 공무원들이 시민들은 생각하지 않고 자기들만 편하자고 만든 법이라는 것이죠. 이렇게 우리가 사는 방식을 저해하는 권력을 푸코는 행정의 권력이라고 했답니다.

공무원들은 행정을 할 때, 많은 것을 생각하고 결정할 것입니다. 그렇게 때문에 우리가 행정의 권력이라고 하여서 무조건 나쁘다고는 할 수 없겠죠. 하지만 푸코는 이것을 나쁘다고 보았습니다.

여러분 주변에는 원하는 학교에 전학이나 입학을 하기 위해서 거짓으로 주소를 옮긴 친구들은 없나요? 혹은 부모님의 직업 때문에 할아버지나 할머니 집에 주소를 두고 있는 친구도 있겠죠.

그런 친구들은 주소에 따라 정해진 초등학교나 중학교에 입학이나 전학을 할 수 있답니다. 그리고 사는 곳의 주소에 따라 세금도 낸답니다. 그 외에도 주소에 따라 해야 하는 것들이 많이 있답니다. 이 모든 것이 법으로 정해져 있습니다.

그리고 이 법을 어기면 법에 따라 처벌을 받습니다. 국가나 시와 같은 관공서에서 정한 법이지만 어기면 벌을 받아야 합니다. 그래서 사람들은 행정의 권력이 시민들의 생활을 마음대로 주무른다고 불평하기도 합니다. 그래서 푸코는 이런 행정적으로 정해진 법에 권력이 있다고 주장하였습니다. 그리고 이런 행정의 권력이 힘을 갖고 있고, 이 힘이 사람들의 생활을 지배한다고 믿었습니다.

이제 행정의 권력이 무엇인지 아시겠죠? 좋은 것일까요? 아니면 나쁜 것일까요? 여러분의 생각은 어떻습니까?

에필로그

"야야, 나도 좀 보자. 뭐 내 것보다 안 좋은 거네."

상수네 반에 있는 잘난 척쟁이 영태가 동완이에게 말했습니다. 동완이는 며칠 전에 산 게임기와 카드를 가지고 왔어요. 새로 샀다니까 반 아이들이 우르르 몰려와서 보려고 했죠. 하지만 요즘에는 그 게임기가 없는 친구들이 없을 정도예요. 그러니까 게임기를 가지고 있다는 게 신기한 일은 아니에요. 다만 나와 다른 게임 카드를 가지고 있으니까 그걸 보려고 아이들이 몰렸거든요.

그런데 동완이 주변에 있어야 할 상수는 없었습니다. 쉬는 시간이지만 자기 자리에 계속 앉아 있었어요. 아이들이 동완이에게 몰려가는 바람에 무슨 일인지 궁금할 텐데 말입니다.

"상수야, 다음 쉬는 시간에 네가 게임해도 돼."

동완이가 수업 종 치기 전에 상수 자리에 와서 말했습니다. 그러자 상수는 게임기와 동완이 얼굴을 번갈아 쳐다보고는 웃었어요.

"됐어. 이런 기계와 게임의 권력에 당하고 싶지 않아."

"엥? 무슨 말을 하는 거야?"

띠리리리 띠리리리 띠리리리.

2교시가 시작하는 종이 울리자 상수는 사물함에서 미리 꺼냈던 책들을 폈어요. 왠지 상수의 분위기가 바뀐 것 같은데요?

상민이는 오늘도 상수 반 교실 뒷문에서 상수를 기다리고 있습니다. 시원한 바람이 상민이의 머리칼을 쓸고 지나갔어요. 그 시원함에 놀라 상민이는 하늘을 쳐다봤어요. 상민이는 지나가는 구름과 바람을 향해 빙긋 웃었어요.

"상민아, 가자."

상민이는 자기를 부르는 소리에 뒤돌아보았어요. 상수가 부른 게 아니고 동완이가 상민이를 불렀어요. 그리고 자연스럽게 상민이와 상수, 동완이가 나란히 운동장으로 나왔습니다.

"이쪽, 여기로 패스! 아, 박상민. 제대로 좀 해."

"알았어!"

"오케이, 빨리 앞으로 나가."

상수가 드리블을 하면서 골문 가까이 다가갔습니다. 그리고 재빨리 대각선으로 달려가던 상민이에게 멋지게 패스를 했습니다. 상민이는 가까스로 공을 받았죠. 상민이도 조심스럽게 골문을 향했습니다.

"넣어."

"빨리!"

여기저기에서 고함 소리가 들렸습니다. 그리고 그 순간 슛!!

상민이는 왼발을 힘껏 뻗어서 찼습니다.

"오, 예!"

상민이가 드디어 골문을 열었습니다. 너무나 오랜만에 친구들과 한 축구라서 재미있었는데, 자기가 골까지 넣었으니 날아갈 것 같았습니다. 상민이는 두 팔을 번쩍 들고 달렸습니다. 기분 좋은 바람이 모두 자신에게 날아오는 것 같았습니다.

이제 가을이 되려나 봅니다. 상민이는 달리면서 가을바람 냄새를 맡았거든요. 벌써 가을이었지만 상민이만 혼자서 여름이라고 생각했던 건

지도 몰라요. 마음과 몸이 너무 무거워 땀과 눈물을 흘렸으니까요. 이제
는 상민이 마음에도 시원한 가을바람이 불어오겠죠?

통합형 논술
활용노트

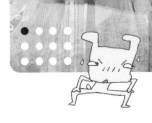

01 다음 글을 읽고 물음에 답하세요.

(가)

작년에 들었던 얘기인데, 6학년 형 중에 친구들을 심하게 괴롭히는 형이 있었습니다. 덩치도 크고 싸움도 잘해서 같은 반 친구들도 그 형을 무서워하고 피했다고 들었습니다. 그러니까 그 형은 매일 친구들한테 돈도 빼앗고, 후배들한테까지 괴롭히고 돈을 빼앗았다고 해요. 아이들은 그 사실을 부모님이나 선생님께 말하면 형이 또 다시 괴롭힐 것 같아서 아무에게 말하지도 못했대요. 그러다가 용기 있는 한 친구가 부모님에게 말하고, 학교 선생님에게까지 모든 사실이 알려졌죠. 그러고 나서 그 형은 멀리 있는 다른 학교로 전학을 갔다고 해요. 전학 가는 것으로 벌을 받은 거라고 생각하는데, 그런 걸 보면 학교 교칙은 꼭 필요하고 좋은 점도 있는 것 같아요.

-《푸코가 들려주는 권력 이야기》중

(나)

"2004년, 미션스쿨인 서울 대광고등학교에서 종교의 자유를 외치며 1인 시위를 벌였던 강의석 군을 기억하십니까? 강 군은 학생회장을 맡으

면서 학교 방침의 부당성을 공개해 화제가 되었고, 그 이유로 퇴학당하는 등 우여곡절을 겪었습니다. 재판에서 승소하여 복학했으나 졸업한 뒤 학교를 상대로 소송을 낸 강 군은 학교가 학생 개인의 뜻을 무시하고 학교의 건학 방침만을 주장하며, 모든 학생이 의무적으로 종교 행사에 참석하게 강요하여 종교 선택의 자유와 학습권을 침해했다고 주장했습니다. 건학 이념에 따라 종교 교육을 실시하는 것은 정당하다는 학교 측의 주장은 결국 관철되지 못하고, '강제적인 종교 교육은 기본권 침해에 해당하며, 배상 책임을 져야 한다'는 판결로 결론이 났습니다."

－2007년 10월 5일 ○○○뉴스 보도 중

(가)와 (나)를 읽고 학교의 교칙, 나아가 한 사회를 통제하는 규범의 여러 측면을 서로 비교해 보고, 그 사회를 살아가는 구성원으로서 어떻게 해야 하는지 여러분의 생각을 이야기해 보세요.

02 다음 제시문을 읽고 물음에 답하시오.

(가)
CCTV, 교사 "늘려 달라" 학생 "인권침해"
학교 내 CCTV 설치 확대를 놓고 찬반 논란이 일고 있다.

교사와 학부모 단체들은 학교 내 잇따른 폭력, 절도 사건을 예방하기 위해 CCTV 개수를 늘려서 설치해야 한다는 입장이다. 하지만 학생과 인권단체는 인권침해라며 반발하고 있다.
학부모 최은화(42·여) 씨는 "학교 내에 CCTV가 설치돼 있다면 불안한 마음이 많이 사라질 것 같다"고 말했다.
학부모 모임의 관계자는 "학교가 신성한 곳이라는 말은 이제 통하지 않게 됐다"면서 "무너진 교권과 공교육을 되살리기 위해 CCTV 확충을 최우선 과제로 삼아야 한다"고 말했다.
학생과 인권단체는 CCTV 설치에 부정적이다. 일부 학생들은 CCTV가 자신들의 모습을 찍는 것은 사생활 침해에 해당한다고 주장했다. 청소년 인권센터 관계자는 "CCTV를 늘리자는 것은 학생을 잠재적 범죄자로 바라보는 것"이라고 비판했다.
시교육청 관계자는 "CCTV만큼 학교 치안 확보에 효과적인 것은 없지만 설치비 부담이 꽤 높고, 학생과 학부모, 교사 등의 의견을 수렴해야

하기 때문에 설치 여부를 결정하기가 쉽지 않다"고 말했다.

– 2007년 04월 13일 ○○신문 중

(나)

"그래요. 우리 초등학교에는 똑똑한 친구들이 많네요. 사람들은 법을 어기면 감옥에 가거나 다른 처벌을 받게 되잖아요. 미셸 푸코는 법을 어기면 감옥과 처벌이라는 것 때문에, 사람들이 법을 어기지 않는다고 보았던 거예요. 그런 과정을 통해서 사람들은 규율을 지키는 사람, 혹은 규율을 지키는 사회를 만들어야 된다는 생각을 하게 되는 거예요."

선생님이 상수를 칭찬해 주자 상수는 무척 기뻐했어요. 드디어 잘난 척을 크게 터뜨렸다고 할까요. 그런데 선생님의 말이 끝나자 세영이가 뾰로통하게 대답하는 거였어요.

"그런데 규율사회는 좋은 거잖아요. 아니에요?"

"물론 좋은 것이죠. 하지만 ㉠미셸 푸코는 규율이 많아지면 많아질수록 사람들의 자유는 사라진다고 보았어요. 그리고 감시하고 처벌하는 것들이 모두 자기가 가지고 있는 권력을 다른 사람들한테 빼앗기지 않기 위해서라고 했어요."

"맞네. 학교도 규율이 많아질수록 우리가 자유롭게 할 수 있는 건 줄어들잖아."

동완이의 말에 아이들은 고개를 끄덕이면서 공감하는 것 같았습니다. 내년이면 중학교에 들어가는데, 중학교는 초등학교보다 규율이 훨씬 심하

잖아요. 다들 그런 걱정을 하고 있는 것 같았어요.

－《푸코가 들려주는 권력 이야기》중

1. 제시문(가) 기사에 나온 내용을 간단히 설명하고, 여러분의 생각도 적어보세요. (400자 내외)

2. 제시문(나)의 ㉠이 말하고 있는 권력을 제시문(가)의 학교 내 CCTV 설치와 관련지어 설명해 보세요. (500자 내외)

통합형 논술
문제풀이

01 사회는 여러 사람이 살아가는 공간입니다. 사람들은 서로 피해를 주지 않기 위해 합의를 통해 규범을 만듭니다. 이로써 사회 질서가 생기고, 그 질서를 지키기 위한 계층도 생깁니다. 이들은 그 사회를 통제하기 위해 보다 정교한 규범과 질서 체계를 잡아가며, 때론 질서를 어지럽히는 구성원들을 감시합니다.

인구가 늘어나고 사회 구조가 복잡해지면서 규칙도 복잡해졌습니다. 애초에 사람들을 보호하기 위해 만든 규칙이, 도리어 누군가의 희생을 강요하게 되는 경우도 많이 생겼습니다. 학교에서 학생들의 규칙을 정하는 본래 목적은 (가)와 같은 경우를 대비하기 위한 것입니다. 하지만 규칙을 정하는 목적이 '통제' 그 자체가 되거나 규칙이 통제하는 집단의 이익을 위한 수단이 될 때 (나)처럼 개인의 자유가 침해당할 수도 있습니다. 문제는 사람들 대부분이 통제받는 상황에 길들여져 있거나 통제 집단의 권력에 대항할 수가 없어서 반대 목소리를 잘 내지 못한다는 것입니다.

우린 내가 속한 사회에 대해 주인 의식을 가져야 합니다. 내 행동의 주인은 나이고, 내 행동에 대한 책임은 내 스스로에게 있습니다. 이를 명심하면서 그 사회의 규범이나 체계를 비판적으로 바라본다면 충분히 옳은 판단을 내리고 행동할 수 있을 것입니다.

02 1. 학교에서 발생하는 폭력 사건을 예방하기 위해 CCTV를 설치해야 한다는 입장과 학교가 학생을 감시하는 기능을 하는 CCTV 설치를 반대한다는 입장이 맞서고 있습니다. CCTV는 동네에서 범죄가 일어났거나 은행 강도를 잡는데 훌륭한 역할을 하고 있습니다. 그런데 한편으로 생각해 보면 범죄를 예방한다는 차원도 있지만 CCTV로 감시를 받는 사람들을 잠재적 범죄자로 인식하고 있다는 점에서 인권침해라고 생각합니다. 특히 학교에 설치하는 CCTV는 학생에 대한 선생님과 학교의 감시를 더욱 강하게 만듭니다. CCTV를 통해 수업시간에 공부를 제대로 하고 있는지, 친구와 싸우지 않고 학교생

활을 하고 있는지 등 학생들의 행동 하나 하나를 감시하는 것은 학교가 아니고 감옥입니다. 학교는 학생을 CCTV로 감시하는 곳이 아니라 선생님의 따뜻한 관심과 친구들 간의 배려가 넘쳐 나야 하는 곳입니다.

2. 밥을 먹으려면 검은색 정장을 입어야 하고, 머리는 깔끔하게 하나로 묶어야 하며, 오른손으로만 수저를 잡아야 한다고 가정해 봅시다. 밥 한 끼를 먹기 위해 우리의 행동에는 많은 제약이 있는데, 편하게 마음껏 식사를 할 수 있을까요? 마찬가지로 학교와 사회에서도 지켜야 하는 요소가 많아지면 구성원의 자유는 점점 줄어듭니다. 학교는 본래 많은 학생들과 선생님이 함께 생활하는 곳이니 서로가 지켜야 하는 약속이 많이 있습니다. 그런데다가 학교에 CCTV를 설치하는 일은 더 많은 규율에 감시까지 하게 되니 학생들은 더 억압받게 됩니다. 학교는 학생들이 주체적으로 행동하기보다 선생님과 학교 경영 관리자들의 지시와 규율에 움직이고 있습니다. 학교에서 권력을 쥔 선생님과 경영 관리자들은 학생들을 감시하고 처벌하면서 자신들의 권력을 더욱 단단하게 할 수 있습니다. 결국 권력은 감시와 규율을 통해 나타나고, 자신이 가진 권력을 빼앗기지 않기 위해 강한 감시와 규율, 처벌을 하게 됩니다.